海派文化与"平阳课程"

——一所城市小学的课程创新历程

朱红 著

上海三联书店

目　　录

第五章　寻她千百度：平阳课程迭代

第六章　千帆碧空尽:平阳课程展望

导　言

平阳课程与海派文化因何结缘

　　一直以来,上海的文化被冠以"海派文化"的称号,开埠后深受欧美近现代工业文明影响,海派文化得以在中国江南传统文化(吴越)的基础上,融通中西文化而逐步形成中国江南审美(诗性)文化的当代版或"升级版"。海派文化既有江南诗性文化的古典与雅致,又有国际大都市的现代与时尚。区别于中国其他文化,具有开放而又自成一体的独特风格。

　　绚丽多彩且意蕴深长的上海文化,也哺育了锐意进取、创新卓越的上海教育。上海市闵行区平阳小学,曾是一所名不见经传的普通公办小学,经历过学生的大量流失,如今已经有了27个班1000多名学生,成为民众口口相传的"家门口的好学校"。这翻天覆地的改变缘何而来?平阳小学自2006年以来致力于将丰富的海派文化资源源源不断地引入学校课程,形成了独具一格的"海派文化课程",留下一段令人动容的心路历程。

一、"课程"与"校本课程开发"

　　自本世纪初我国基础教育课程改革启动以来,"课程"与"校本课程"

就成了一个令人关注且不绝于耳的热词。随着普通高中课程新方案和新课标 2017 年发布、2020 年修订,义务教育课程新方案新课标 2022 年版的问世,基础教育领域又将迎来新一轮热潮。因此,重温一下对"课程"与"校本课程"的理解与争议是十分必要的。

课程(curriculum)在西方教育学语境中的涵义是:为学习者提供的学习机会;学习者所经历的学习过程(跑道);一套与学习内容有关的文本(计划、标准、资源)。这一涵义与我国用以翻译 curriculum 这个英文单词的"课程"不同,或者说,与我国古代"宽著期限,紧著课程"意义上的"功课的进程"在范围和内容构成上有所不同。但无论东西方,课程在传统意义上就是国家或学校为学习者规划好的学习内容及其进程,恰如为运动员规划好的"跑道"。但后现代课程观从不同的理念出发,"跑道"的重点不在划好的"道",而在学习者自由自主地"跑",也就是说,课程应该是学习者从兴趣和需要出发,自主自由地跑出一条条个性化的学习与成长轨迹。平阳小学在其海派文化课程开发过程中,也是在引领学生探索自主自由的学习之路。

第八轮新课程改革提出了国家、地方和学校三级课程管理的新制度,在其激励之下,我国 20 多年来的校本课程开发无论在理论研究还是实践探索上,都呈现出一派繁荣景象。平阳小学的海派文化课程,也是校本课程开发的硕果之一。习惯上,人们把学校自主开发出来的课程称为"校本课程",甚至《普通高中课程方案(2017 年版 2020 年修订)》和《义务教育课程方案(2022 年版)》中也称其为"校本课程"。如果这一称呼成立,那么"国家课程""地方课程"是不是也可以称之为"国本课程""地本课程"?"校本课程开发"可视为一个固定词组,是一种开发行为,其包括两方面的路径:一是国家课程和地方课程的再开发,二是学校课程的自主开发。前者可视为国家和地方课程的校本化实施,后者则是基于学校办学特色、自主进行的课程开发活动,其成果就是"学校课程"或普遍称呼的"校本课程"。二者殊途同归,构成完整系统的体现学校办学理念和课程哲学的特色化课程体系。

二、平阳课程为何与海派文化结缘

2006 年,学校发展正面临生源大量流失的困境中。学区生有 180 多名,但实际入学仅三分之一左右;办学规模可容 24 个班,实际班级数却只有 11 个班,学生数仅 303 名。家长的不信任,社区的不满意,孩子的不自信,让学校陷入了深深地思考中:怎样才能建成一所孩子喜欢、家长满意、社会认可的"家门口好学校",这成了学校亟待破解的关键性难题。

学校地处上海,学生是未来上海小公民,上海文化无时不刻在作用着他们的成长。上海是国际化大都市,有着长期的对外交流史,文化成分复杂,与其任由这些文化自发地影响他们,不如有意识有选择地将海派文化中那些精华或营养组织起来,助力孩子们的成长。立足"悦纳·融合"的海派文化内涵,学校从文化中、从校情中孕育课程的发端,致力于本土资源的开发与重塑,城市精神的培育与弘扬。充分挖掘本土文化教育资源,用十余年时间,相继开发了"海派文化"系列校本课程:《海上七彩风》《小门票大上海》、《小巴腊子玩手球》与《Walking in Shanghai》《玩转上海》(配套学习手册)。以"海派文化"系列校本课程为核心,建构了清晰完整的校本课程育人体系。

学校不断创新课程形式,活化课程实施,凸显"课程建设中人的发展"的价值追求,以"行"为核心思想,引领学生以各种丰富的形式在"行"中实实在在体验、真真切切成长。建立家长"同盟军团",牵手公司"外援伙伴",不断拓宽课程实施路径,丰富课程实施策略,形成了行之有效的独创课程实施模型,优化了课程建设,提升了办学品质。

三、海派文化在平阳课程中如何定位

平阳的海派文化课程如何定位?是学校自主开发的课程,还是海派文化资源在"基础性课程""拓展性课程"和"探究性课程"这三类课程中的渗透？本书将展现的,有学校对校本课程开发与实施的自觉定位,有在开发和实施过程中的策略探寻,也有对学校课程开发成效的反思与重建。

定位方面,学校主张课程开发应从学生的成长需求出发,并基于学校主动谋求发展的理性思考,具体要指向如下四个方面：

首先,应满足学生学习成长与个性发展需要。传统课堂上的学习往往机械被动,且难以估计个体差异,现代教学以及未来的学习将越来越以学习者为中心,越来越成为差异化、个性化和定制式的行动,学校课程变革应体现"学习为本"的新动向。《Walking in Shanghai》以"行"为核心思想,引领学生以各种丰富的形式在"行"中实实在在体验、真真切切成长。

其次,应符合学校校情与生情。学校立足地域特点、生源差异,以"悦纳·融合"多元文化为"切入口",充分发掘本土文化资源,开展了"接地气"的课程建设。

再次,要体现"人的发展"的课程价值追求。学校清晰定位校本课程是在学校整体育人目标"培育平实阳光的未来小公民"取向下师生的共同活动过程,必须实现"课程建设中师生的发展"。

最后,应将校本课程建设纳入学校育人体系。"海派文化"系列校本课程,孕育于校园文化,渗透于三类课程,丰富于教育活动,是学校育人体系中不可分割的、靓丽的存在。

在策略探寻方面,学校坚守"以实现自主发展"为本的课程开发理念,为学生个性化的学习创设适宜的"场所",让学生的个性在宽松、自然、愉悦的氛围中得到释放,展现生命的活力。在校本课程研发实践中逐步清晰了学校校本课程的价值核心——必须"实现教材到学材的转变"。主要有如下三大策略：

一是搭建多元平台。在课程实施方式上,致力于从单一的"课堂教学式"向复合的"多元组合式"的转变。校内建立机制,由校长室牵头,学校各个职能部门协同建设,采用"学校课程渗透"和"主题活动落实"两条路径并举的形式,通过探究型课程、限定拓展、自主拓展、主题教育、假期实践、亲子实践等方式实施校本课程。

二是引导实践体验。校本课程的实施必定不能局限于书本和教室，打破书本僵化局限是校本课程实施的首要原则。《Walking in Shanghai》教材文本的首页就是一张上海地图，它体现着课程的核心思想——行。在课程实施历程中，我们不断丰富课程实施策略，变化课程实施形式，引导学生在"行"中主动发现、"行"中自主体验，用脚步丈量上海，用眼睛发现上海，用心灵感知上海。从而突出课程的实践特点，不断拓宽课程的"粉丝团"，提升课程的"亲生度"。

三是自主组合学习。在课程的实践摸索中，我们深刻反思到一本教本能够提供的内容毕竟是有限的。在课程实施过程中，学校主动出击，通过培训、研讨等方式与社区联手、与家长共情。以开放的姿态邀请参与实施课程的教师、家长、学生对教材进行自主选择与组合学习，自主设计与创新学习。在"Walking"的历程中，家长们投入的激情、展现的智慧远远超过了我们的期许。他们把静态的教材化为了动态的行动，他们用生动的活动诠释《Walking in Shanghai》的精神内涵——"行"，成为了践行课程的亲历者；丰富课程的同盟者；生成课程的创造者。

学校从以"知"为主题的《海上七彩风》《小门票看大世界》到以"动"为特征的《小八腊子玩手球》，再到以"行"为脉络的《Walking in Shanghai》。学校在清晰正确的课程开发目标导向之下，"且行且学、且学且研"，开启了研学旅行的课程学习新样态；"从知到动、从动到行"，构建前后衔接的课程育人新体系；"多方共建，多途实施"，形成同创共享的课程组织新架构；"自主选择，开放互动"，探索动态交互的课程实施新模型，使课程开发与实施成为家校合作、师生共生的教育过程。

第一章

"郁郁乎文哉"：海派文化溯源

海派文化缘起何时，如何演进和发展，具有哪些突出的特征？平阳小学的哪些原因或机缘使学校在校本课程开发中融入海派文化并由此走上特色发展之路？这些将是本章要重点回答的问题。

一、海派文化的缘起与演进

海派文化的基调和底色是江南文化，在漫长的历史长河中逐渐构筑了以长江文明为渊源、以诗性文化为本体的江南文化范畴，最后形成了以长三角城市群为载体的当代江南形态。

（一）江南文化的源流与发展

1. 考古学阐释：江南文明的源起

长江被誉为中国的母亲河，与黄河共同孕育了古老而璀璨的中华文化。中国东部沿海的长江三角洲地区从史前时代就一直是人类活动的中心地区之一。长江三角洲的中央为太湖平原，大概几十万年前就有人类在这里活动。然而,太湖流域发现的古人类化石并不多,被发掘的智人化石只能为我们展示一些零星的人类活动的痕迹。直至旧石器时代,长江中下游气候转暖,植被愈加茂盛,动物出没频繁。1985 年,在太湖流域的三山岛上,发现了一处旧石器时代的文化遗址,在当时已发掘的 36 平方米范围中竟出土了五千余件石制品。这里不再是一个蒙昧未开的蛮荒,先民们慢慢与自然环境相适应。凭借"三山文化"的存在,江南文化区的文明源头可以追溯到商周以前的旧石器时代。然而,由于历史久远,三山文化的具体特征已模糊难辨,江南地域的辽阔亦不能仅仅被 500 余平方米的文化遗址代表。

因此,有更多的学者认为新石器时代才是正宗的江南文化开端,长江下游的河姆渡遗址成为"江南文化之源"争论的焦点。现代考古学成果表明,稻作农业文化是史前长江流域文化的一大成就,也是促使江南获得发展的一个重要因素。考古成果中稻作农业的遗存内容,一定程度上反映了长江流域的文化发展程度。而余姚河姆渡文化出土了大量保存完好的距今七千年前栽培的水稻、迄今为止最早的木结构水井、最早的漆器制品等。此时,太湖流域的农业已经不再是原始的刀耕火种方式,而进入到锄耕阶段,也因此享受"七千年前的文化宝库"的美誉。由此,江南文明跻身于中华文明摇篮的序列,打破了中华文明起源于黄河文明的一元论传统观念。以余姚河姆渡文化作为"江南文化之源"的观点亦在学界获得了相当普遍的认可。

在河姆渡文化之后,太湖地区还陆续经历了马家浜文化、崧泽文化、良渚文化。其中良渚文化是太湖地区新石器文化最发达成就最辉煌的时期,已发现 500 处以上文化遗址。仅从遗址数量上比较,良渚文化便大大超过马家浜文化和崧泽文化遗址的总和,农业生产方式更是进一步前进到犁耕阶段。加之大量丝绢残片的出土,也意味着手工业的迅猛发展。这些种种迹象无不预示着长江流域文化已逐渐呈现出一派崭新的景象。

在良渚文化遗址中,人们的居住地发生了较大的改变,开始呈现出等级的分化,按三级结构分布。这表明,聚落成员的社会地位开始出现了差异,有了权力的不平等,社会开始分层。同时也出现了以人殉葬的习俗,说明一部分人能够控制另一部分人,将强权与宗教集于一身。因此学界谨慎地认为良渚文化的社会组织逐渐开启了从部落向国家、从原始社会到文明社会过渡的进程。进入文明时代后,城乡逐渐分化,礼乐政治开始出现,这些要素代替了农业生产方式成为评价文明发展程度的标志。

良渚文化的高成就和高发展水平引起了中原部落首领禹的忧虑,文明与文明之间的对话与碰撞还是不可避免地产生了。然而正如刘士林所说,文化间对话的表现形式不仅有冲突,也有相互的交融①。在纷争之下,良渚文化的礼乐体制最终没有在江南大肆盛行,却逐步构建出了长江流域独特的城市文明。迁徙而来的中原地区的商周文化在接受了当地土著文化后,发展出湖熟文化和马桥文化,这两种文化形态则分别为吴越文化的先驱。

在吴人和越人分别建立了吴国和越国后,与之相关的文化则称为吴文化和越文化。江南地区有文字记载的历史正是由此开始。据《史记·吴太伯世家》记载:"吴太伯,太伯弟仲雍,皆周太王之子,而王季历之兄出。季历贤,而有圣子昌,太王欲立季历以及昌,于是太伯、仲雍二人乃奔荆蛮,文身断发,示不同用,以避季历。季历果立,是为王季,而昌为文王。太伯奔荆蛮,自号勾吴。荆蛮义之,从而归之者千余家,立为吴太伯。"这段历史被称为"太伯奔吴",是吴人最早的文献记载。周人太伯南奔后才有了吴的名号,正说明了吴人是中原地区的周人和当地土著居民繁衍的后代。而此前的江南仍然是"饭稻羹鱼"。据沈骅考证,越人最早的记载见于周成王二十四年(约11世纪末)"于越来宾",周成王又曾大会诸侯,四方贡物中包括"姑于越纳,曰姑妹珍,且瓯文蜃,共人玄贝"。这些记载表明越人早在西周初期就已经与中原华夏有所交往了②。

吴越发展到春秋后期日渐强大,关于两国的文献记载也愈加详细。

---

① 刘士林,苏晓静,王晓静.江南文化理论[M].上海:上海人民出版社,2019:26.

② 沈骅编.江南文化十六讲[M].武汉:武汉大学出版社,2017:13.

"寿梦兴吴"这一历史事件成为吴国发展的转折点。寿梦在位时,已有先见地看到吴国和中原的差距根本在于礼乐政治文明的发展程度,这也正是当时判断城市文明是否先进的重要标志。因此他多次开展外交活动向中原学习礼乐文明。同时,吴人因与越国频繁交战而发展出的先进兵器制造工艺也传入了中原地区。由此,吴越与中原的紧密往来不仅加速了江南文化向礼乐政治文明过渡的进程,也加速了中华文明内部不同区域之间的交流和融合。

直至公元前 221 年,秦始皇统一六国,建立中央集权制。其统治基础乃是北方的"政治—伦理"话语体系,因此江南城市的发展失去了优势,远不及中原地区。乃至汉朝,汉武帝吸取秦的教训,崇尚无为而治,施行于民养息政策。全国经济持续快速增长,社会财富迅速增加,江南吴地的经济状况也自然随之水涨船高。刘士林提到了一个重要的例子,那就是汉初吴王刘濞经营的江南,当时几乎构成了影响汉帝国的一只"经济铁拳",以至于汉武帝不得不动用国家机器来镇压它①。虽然刘濞的政治野心早已湮没在漫漫历史长河之中,但江南倒是因为他而一跃成为汉代经济最发达的地区之一,为以后文化上的崛起奠定了基础。

2. 江南轴心期:诗性精神的形成

魏晋六朝开始,江南逐渐具有了鲜明的文化形态。对此,刘士林认为江南文化作为一种独立而成熟的文化至少与两个政治因素相关:一是东汉末年北方战乱的频繁,加速了北方民族的南迁,由此打开了江南此前长期封闭的大门,促进了北方先进文化与江南本土文化的融合;二是以永嘉东渡为标志的北方政治中心和门士族的大规模南迁,结束了此前江南文化的边缘状态,提升了江南在中国文化中的地位,进一步推动了江南经济文化的繁荣②。

---

① 刘士林,苏晓静,王晓静.江南文化理论[M].上海:上海人民出版社,2019:30.
② 刘士林,苏晓静,王晓静.江南文化理论[M].上海:上海人民出版社,2019:82.

汉末天下大乱,群雄逐鹿中原之时,作为吴郡富春人的孙策注意到鲜有人关注的江东地区蕴涵着丰富的资源。他的谋士张纮也赞同孙策的这一见识,提出了更为具体详细的战略构想:"今君绍先侯之轨,有骁武之名,若投丹杨,收兵吴会,则荆、扬可一,仇敌可报。据长江,奋威德,诛除群秽,国辅汉室,功业侔于桓、文,岂徒外藩而已哉?"(《三国志·吴书·孙策传》)在周瑜、黄盖等人的协助之下,孙策渡过长江创立江东六郡,范围涵盖今江浙皖赣四省。孙权当政期间实行"镇抚山越",使得大批山越人被迫迁出山区,定居平原并接受了汉文化。极少数不服汉人统治的越人继续向更加偏远的西南地区撤退避难。南迁的越人融入后逐渐形成了部分南方的少数民族,作为一个种族的越人则已然消失了。孙吴时期的江东地区早已将经济夯实牢固,国家的繁荣富足从左思的《吴都赋》中即可见一斑:"其四野,则畛畷无数,膏腴兼倍。原隰殊品,洼隆异等。煮海为盐,采山铸钱。国税再熟之稻,乡贡八蚕之绵。"此后,江南地区经历东晋南朝数百年的持续发展,为其在唐宋时期成为经济重心打下基础。

除经济的发展外,这一阶段的人口也发生了较大的变动。长年混战影响之下,北方地区的经济文化遭到了重创,导致北方大批优秀人才纷纷南迁。从东晋到刘宋时期,太湖以东的吴郡、太湖以南的吴兴郡以及浙东的会稽郡人口激增。据《晋书·地理志》记载,上述三郡的人口只有两万到三万之间;短短几十年后,在《宋书·州郡志》的记载中,三郡人口数达到了五万上下。人口的增加也意味着人力资源的增加,大量的人才涌入为吴越文化发展提供了难得的契机,在政治、军事、经济、文化、艺术等领域开始了全方位的崛起。

随着南北方人口的交流与融合,文化也从各个方面开始渗透和深入。关于江南文化中这一审美的诗性萌芽,民歌是重要的发掘入口。提起民歌,不能不说《诗经》。它将三百多首朗朗上口、便于传播的北方民间歌谣,无论郑风还是卫风,无论直抒胸臆或是婉转含蓄,统统收入囊中。南朝《乐府诗集》虽晚于《诗经》,但足可说明,南北方的文化中都蕴含着诗性基因。魏晋南北朝时期,玄学传入江南并逐渐发展出了后天的诗性文化。

少数民族统治下的北方并不稳定,文化世家纷纷迁入南方,寻求生存和发展的机会。渐渐地,中原文化也成为了南方文化,原先的南方文化反而湮没不彰了。北方则由于战争的破坏和少数民族文化的影响,渐趋保守。在这样一个纷杂冗乱的年代,江南自是紧紧把握了这一机会发展出了独特的诗性精神。对于这一历史时期,宗白华曾指出:"汉末魏晋六朝是中国政治上最混乱、社会上最痛苦的时代,然而却是精神史上极自由、极解放、最富于智慧、最浓于热情的一个时代。因此也就是最富有艺术精神的一个时代。"[①]魏晋风度和名士风流是江南诗性文化的重要源泉和突出表现形式。冯友兰将魏晋名士的诗性精神内核定义为"风流"[②]。这是一种超过自我而达到无我的状态,不惜成败亦不介生死,既有洞见又有妙赏。洞见是一种依靠直觉的真理,妙赏则是一种对美的深切感觉。他们不借助推理而依靠感情或者对万物都有一种深厚的同情和共鸣。

这一时期的江南文化在中国历史上第一次呈现出独立的姿态,正式进入中国传统文化的主流,在中国文化历史中烙下自己的印记,以鲜明的特征和个性完成了从"江南之江南"到"中国之江南"的转变。尽管此时的江南文化并未超越齐鲁文化,但江南文化显然已在势力强大的北方文化中凸显出自己独特的诗性精神,并开创了"艺术儒文,斯之为盛"的新格局。

3. 唐宋成熟期:汉文化精神家园的建立

在历经数百年的南北征战后,隋朝再次实现了大一统。京杭大运河的开凿于江南文化的发展来说是至关重要的一笔。据考证,隋炀帝杨广出于对扬州繁华的怀恋,希望能够方便自己享受巡游之乐,故而下令全国动员数以百万计的劳动人民,开凿横跨江、淮、河、海四大水系的

---

① 宗白华.论《世说新语》和晋人的美[A].殷曼楟编.宗白华中西美学论集[A].南京:南京大学出版社,2009:90—91.
② 冯友兰.论风流[A].洪治纲编.冯友兰经典文存[A].上海:上海大学出版社,2004:284.

南北大运河。① 抛开隋炀帝开凿大运河的享乐动机与个人目的,这一工程对于南北经济和文化交流可算是利在千秋。据刘士林分析,大运河勾连起南北地区甚至是古代中国与外界的联系,在为粮食、茶叶、丝织品等商品运输提供了快捷的流通渠道之余,交易背后的人的感性需要、精神内涵和文化形式也被串联了起来②。以长江与黄河两大水系为文明源头的南北文化汇聚形成完整的中国文化大格局。

文化的起伏往往配合着时代的更迭。运河为沿岸城市带来的繁荣也给了城市文化发展的机遇,从城市的发展则可以窥探江南文化成熟阶段的开端③。运河开凿后,扬州从一个边陲城镇成为了隋炀帝心向往之的"南都"。扬州的地理位置正在南北大运河与长江的交汇点上,其经济地位提升到了一个空前重要的水平。然而隋朝的覆灭也来得非常快,其后则迎来了前所未有的大唐盛世,因此隋朝往往只被视为一个过渡阶段。唐代安史之乱带来了第二次人口迁移高峰,中原地区战火连天,江南地区则幸运地躲过了战事的扰乱,稳定地成为政治的核心。在运河打下的经济基础之上,扬州成为江南复兴的中心地带。可见运河不止对当时的经济与生活方式带来巨大的改变和利好,甚至对整个文化大格局产生了深远的影响。大运河将南北贯通后,东部沿海地区的南北方浑然一体,紧密融合。运河沿岸地区工商业迅猛发展,江南地区一跃成为了最为重要的经济重心。

江南的山水风光自然也成为了文人士大夫畅游的诗意空间。在谈及江南山水时,诗人们往往用柔美的意象来形容。无论白居易的"日出江花红胜火,春来江水绿如蓝",还是刘禹锡的"弱柳从风疑举袂,丛兰裛露似沾巾",唐朝诗人们广为传颂的诗句中不断出现小桥流水、杨柳春风和杏

① 王煦柽,王庭槐.略论扬州历史地理[J].南京师大学报:社会科学版,1979(4):14.

② 刘士林.大运河与江南文化[J].民族艺术,2006(04):77—81.

③ 刘士林,苏晓静,王晓静.江南文化理论[M].上海:上海人民出版社,2019:41.

花烟雨,亦强化着江南的绰约多姿的柔美姿态。江南的花红柳绿大大满足了世人的审美期待。

　　唐朝的统治崩溃后,再次进入了分裂的战乱年代,变数再次降临。金陵再次使江南成为诗意审美文化的精神家园,成为混乱政局之下文人们新的精神避风港。新型经济形态——夜市也在这一时期蓬勃兴起。城市经济普遍繁荣,形成了杭州、苏州和南京为首的区域性经济重心。事实上,浙北的杭州在隋唐时便已成为了东南名城。短暂的五代十国期间,吴越国保持了相对稳定的政局,甚至开启频繁的外交往来,与日本、朝鲜、西亚诸国均建立了友好的贸易关系,农业、手工业在正确的政策引领下也得到了快速的发展。杭州借助其是运河的南端起点,又是浙北漕运的枢纽这一优越的地理位置,加之秀美的山川风景,从钱塘县一路升至郡,政治地位逐渐超过苏州,成为吴越国的都城,也是江南地区的政治中心。直至南宋,临安(杭州的古称)最终完成了古代江南都市文化的精神体系。

　　繁华都市构成了江南艺术活动的基本环境,甚至渐渐脱离了政治的行政束缚。局势稳定的宋代伴随着"词"这一文艺形式的普及,发展成为整个汉文化的精神家园,以城市为中心的诗性文化达到了繁荣的顶峰。柳永在《望海潮》一词中描述了当时杭州的景象:"烟柳画桥,风帘翠幕,参差十万人家。云树绕堤沙,怒涛卷霜雪,天堑无涯。市列珠玑,户盈罗绮,竞豪奢。"可见都市文艺生活的多样化和精致化。宋代兴起的私塾形式——书院则为中国传统文化提供了更为深厚的学术资源。朱熹、陆九渊等人以各自代表的学术群体创办了各式各样的书院,并以之为教育教学、学术争鸣的主要场所。此时的江南,似是纷扰政局中可以偏安一隅的世外桃源。

(二) 江南文化的界定

　　江南文化经过千年的历史流变,在不同时期和阶段,其地理、政治、文化等层面的含义各不相同。最具代表性的界定是以下三种:

1. 以明清太湖流域"八府一州"为核心区的江南区域概念

首先,应当明确的是"江南"的地域空间范围。"江"是指长江毋庸置疑,"江南"则显然为长江以南的区域。《尔雅·释地》有"江南曰扬州",这里的"江"就是指今长江,所谓的"扬州"为古"九州"之一,大致范围在江淮以南的大部分地区,包括长江流域和珠江流域。《史记》里《伍子胥列传》和《货殖列传》等篇章中提到"江南"都指向古丹阳、零陵、豫章一带,可见先秦两汉时期的江南地区应在湖北和湖南两地。而《韩非子·初见秦》有云,"秦与荆人战,大破荆,袭郢,取洞庭、五湖、江南"《史记·货殖列传》亦有"衡山、九江、江南、豫章、长沙,是南楚也"一眼。此处所说的"江南"是与洞庭、五湖、衡山、九江、豫章、长沙等地并列的地域名,似乎区域范围稍小。唐宋等后期朝代中泛称为"江南"的范围在秦汉时期还常被称为"江东"和"江左"。刘士林主张从成熟形态的江南入手解决,因此他认为李伯重的"八府一州"说最为可靠①。在历史上,江南地区在地理版图上常根据行政区划的变化发生变化;而以"八府一州"为中心的太湖流域作为江南核心区却始终如一。所谓"八府一州",是指明清时期的苏州、松江、常州、镇江、应天(江宁)、杭州、嘉兴、湖州八府及从苏州府辖区划出来的太仓州。八府一州在地理上还有一个极为重要的特点,即同属一个水系——太湖水系,因而在自然与经济方面,内部联系极为紧密。在李伯重看来这一地区亦称长江三角洲或太湖流域,总面积大约4.3万平方公里,在地理、水文、自然生态以及经济联系等方面形成了一个整体,从而构成了一个比较完整的经济区②。

不过,刘士林也指出,"八府一州"说也不是完全没有问题。由于过于偏重古代的太湖流域经济区,这一界定有时也会显得机械和不够灵活,特别是忽略了与其在商贸与文化方面联系密切的周边城市,如"江南十府

① 刘士林.江南与江南文化的界定及当代形态[J].江苏社会科学,2009(05):228—233.

② 李伯重.多视角看江南经济史(1250—1850)[M].上海三联书店,2003.

说"中提到的宁波和绍兴①。但"八府一州"已将最为核心的空间和主要的范围都圈定其中,有争议和讨论空间的边缘与外延地区并非区域界定时的主要考虑。

2. 以长江文明为渊源、以诗性文化为本体的江南文化范畴

文化空间意义上的"江南"在文学作品中更为多见,多为展现与北方中原截然不同的江南形象。"江南可采莲,莲叶何田田"(汉乐府《江南》)莲花常被与江南联系在一起,成为一种文化符号;"江南游湘妃,窈窕汉滨女"(刘义恭《艳歌行》)江南还拥有美人的意象;"江南有桂枝,塞北无萱草"(江总《赠贺左丞萧舍人诗》)江南与塞北形成鲜明的对比,成为一种隐喻和象征。"江南"一词的背后,有富足隐逸之趣,也有贬谪失意之慨。加之南朝、南唐和南宋的历史背景,更多了一层纸醉金迷之喻。因此,有学者认为,中国历史与文学上对江南文化存在着一种"江南认同"②。

然而,文化是一个非常复杂的概念,无法清晰界定文化,便无法清晰界定江南文化。在关于江南文化的认识上,学界常见的是"一分为三",即从文化小传统的角度将之划分为"吴文化"、"越文化"和"海派文化"。但作为有机整体的江南文化必然大于上述三种小传统;不但大于它们中的每一部分,同时也大于三者相加之和。若直接以这三种小传统作为江南文化,则又将江南文化的起源与本质遮盖了。

江南文化的起源往往被认为是"黄河文化语境"。但黄河文化的核心是"政治—伦理"原则,而江南文化的精髓在于"审美—诗性"精神。从前者的视角对江南文化进行解读,常常会扭曲了江南文化的真实精神与感性形象。此外,有学者借助考古学的发现,提供了长江文明自成一体的证据:第一,早自史前时代长江地区已有相当高度的文化;第二,夏商周三代

---

① 刘士林.江南与江南文化的界定及当代形态[J].江苏社会科学,2009(05):228—233.

② 胡晓明.江南诗学:中国文化意象之江南篇[M].上海:上海书店出版社,2017:3.

的中原文化中不少因素实源于长江流域的文化；第三，从上古到三代，南北之间的文化交往实未间断；第四，中原王朝在很多方面依赖于南方地区；第五，南方还存在通向异国的通道①。

江南文化的本质即是江南文化最独特的创造与深层结构，是为江南所独有的。若论经济、政治，似乎与其他区域相比并无甚突出。而在一般中国人的心目中，一提起江南，便会浮现一个诗与艺术的形象。正如刘士林所言，使江南文化与其他区域文化真正拉开距离的"诗眼"，是江南文化中有一种最大限度地超越了儒家实用理性、代表着生命最高理想的审美自由精神，正是在这里，江南文化才超越了"讽诵之声不绝"的齐鲁文化，把中国文化精神提升到一个新境界②。

3. 以长三角城市群为载体的当代江南形态

江南文化是长三角地区共有的文化资源和精神家园，长三角城市群是以古代江南城市的经济发达与文化繁荣为发展的基本条件；同时，长三角城市群也已成为传统江南文化的主要载体与最新形态，传统江南地区在当代之所以备受关注，也正与长三角城市群的形成与发展密切相关。

尽管城市群是一个西方概念，但长三角城市群有自己悠久的历史渊源。从工商业的角度看，在明代全国 50 个重要的工商城市中，位于江南的就有南京、苏州、常州、镇江、松江（上海）、嘉兴、湖州、宁波、扬州等。至鸦片战争前夕，江南已成为大中小城镇遍布、经济发展水平居全国之冠的地区，从芜湖沿江到宁镇扬，经大运河到无锡、苏州、松江、杭州，再沿杭甬运河到绍兴、宁波，共有 10 万人口以上的城市 10 个，这一数量同比占当时全国的一半③。

据考证，"长三角"（Yangtze Delta）一词最早出现于 1919 年，在由中

①　李学勤等主编. 长江文化史[M]. 江西教育出版社，2011.

②　刘士林. 西洲在何处：江南文化的诗性叙事[M]. 东方出版社，2005.

③　长江三角洲城市经济协调会办公室. 走过十年：长江三角洲城市经济协调会十周年纪事 上册[M]. 文汇出版社，2007.

国近代地质学先驱丁文江受浚浦工程局总工程师海德生（Heidenstam）之邀前往苏浙皖三省调查长江下游地质情况后，发表的题为《芜湖以下扬子江流域地质报告》（Report on the Geology of the Yangtze Valley below Wuhu）一文中。此文第一次系统阐释了长江三角洲的形成与演变机制[①]。1946年，任美锷在《建设地理新论》一书中也提到"长江三角洲是战前我国新工业的主要中心"[②]。改革开放后，上海的龙头地位进一步得到强化，以上海为龙头的长三角经济圈最终形成。

当然，与江南文化相同，当代长三角城市群在内涵上也处于持续的变动与建构过程中。"长三角"一词重新进入人们的视野是在1982年12月10日五届全国人大第五次会议上。会议批准了国民经济"六五"计划，明确提出了"地区协作"以及"编制以上海为中心的长江三角洲的经济区规划"。1982年12月22日国务院正式发布《关于成立上海经济区和山西能源基地规划办公室的通知》，正式设立上海经济区规划办公室，明确成立"以上海为中心，包括长江三角洲的苏州、无锡、常州、南通和杭州、嘉兴、湖州、宁波等城市"的经济区。当时，上海经济区包括江浙沪两省一市的9个城市，此后绍兴加入。至1983年1月，姚依林副总理在《关于建立长江三角洲经济区的初步设想》中指出：长江三角洲经济区规划范围可先以上海为中心，包括长江三角洲的苏州、无锡、常州、南通和杭州、嘉兴、湖州、宁波等城市，以后再根据需要逐步扩大。1984年10月，经济区范围调整为沪、苏、浙、皖三省一市。1984年12月江西省加入。至1986年8月福建省加入，长江三角洲经济图的概念扩大到五省一市，即上海、江苏、浙江、安徽、福建、江西，相当于大半个华东地区的体量。这个概念一直使用到20世纪80年代末至90年代初。1990年，中央做出开发浦东的决定，并将之作为发展长江三角洲和长江流域经济的重要政策抓手。在这一背景下，1992年长江三角洲城市协作部门主任联席会议制度建立，包

---

① 徐锦江等著.海派文化新论[M].上海：上海远东出版社，2021：81.
② 任美锷.建设地理新论[M].商务印书馆，1988：57.

含首批 14 个城市。经过历次扩容，2019 年的协调会已涵盖江浙沪皖全境的 41 个地级以上城市①。

上海于 1993 年正式提出推动长三角大都市圈发展的构想，使长三角逐渐由一个经济区概念演化为城市群概念。其标志是 1992 年召开的长江三角洲及长江沿江地区经济规划座谈会，在这个会议上推出的长江三角洲协作办（委）主任联席会议，成为 1996 年长江三角洲城市经济协调会的前身。新长三角经济区范围由此得以明确，包括上海、杭州、宁波、湖州、嘉兴、绍兴、舟山、南京、镇江、扬州、泰州、常州、无锡、苏州、南通。2003 年 8 月台州市进入长三角，16 座城市为主体的长三角框架一直保持稳定，并受到普遍的认可。2016 年 5 月国务院批准的《长江三角洲城市群发展规划》将长三角城市群界定为沪苏浙皖境内的 26 座城市，使长三角概念的内涵变得更加丰富。

尽管如今的长三角与最初的长三角已有区别，但长江中下游平原及包括古代吴越文化和现代海派文化在内的江南诗性文化仍是长三角城市群的核心地理空间和主要文化资源。今天的长江三角洲，已成为一个比以往任何时代联系更加密切的经济共同体，承担着建成"具有较强国际竞争力的世界级城市群"的光荣使命，而江南地区特有的人文地理、社会结构及文化传统，不仅在历史上直接铸造了古代江南地区的繁荣和辉煌，还将在更深的层次上影响着长三角城市群的可持续发展②。

二、海派文化的发展与特征

江南地区城市文化的兴起，催生了魅力独具的海派文化，孕育出这一文化独有的精神价值追求和文化内涵。

---

① 徐锦江等著.海派文化新论[M].上海：上海远东出版社,2021:82—83.
② 刘士林.江南与江南文化的界定及当代形态[J].江苏社会科学,2009(05)：228—233.

（一）海派文化的形成与发展

1. 江南地区城市文化的兴起

据熊月之的考证,江南地区历史上先后存在过四个文化中心,即南京、杭州、苏州与上海①。南京是江南地区的第一个文化中心。"永嘉南渡"后,南京人口剧增。孙吴、东晋以及南朝宋齐梁陈均定都建康,经过数百年的发展和积累,成为了全国政治、经济、军事和文化中心。杭州也引起因其政治地位的提升而成为文化中心。南宋时定都临安,经济发达,文化繁荣。合政治中心与文化中心为一体,是古代首都功能的常态。明清时期,江南地区交通发达,联系便捷,经济一体化加速,苏州在交通、贸易、人才诸方而优势明显,遂成著名经济中心,连带而成文化中心。相距不远的沪地受到苏州的辐射影响,同时也兼容着苏浙两地的文化风格。海禁大开以后,上海优势逐渐凸显,地位也超过了苏州。至近代,江南地区的文化中心便移到了上海。

从城市发展史的角度来看,上述这几座城市正好体现了江南城市文化走向成熟的不同形态。其中南京与杭州更多因其政治地位的提升而成为文化中心。相对于北方文化圈中诸如唐代长安、洛阳、北宋汴梁等这类政治中心城市,江南城市文化则主要发自自身生产与消费的内在需要,而非现实政治利益。在某种意义上,那些在北方文化中一直被批判和压抑的东西——非政治化的审美趣味、非经典的艺术探索、非正统的生活时尚、非主流意识形态的人生价值取向在江南城市文化中则是不可忽略的要素。而这与江南文化本质上是诗性文化密切相关。

明清时代的江南城市文化进入了繁盛形态。富裕的江南地区不仅在经济上支持着整个国家机器的现实运转,在意识形态、精神文化、审美趣

---

① 熊月之.城市比较优势与江南文化中心转移[J].安徽师范大学学报(人文社会科学版),2020,48(04):1—7.

味、生活时尚等方面也开始拥有文化的话语权。在这一时期的城市文化中,刘士林概括了四个主要的新特点:第一,与北方城市文化的再生产主要依托于政治利益的现实需要不同,审美趣味与生活时尚的生产与消费是江南城市文化创造的中心原则;第二,一种与农工仕商等政治伦理意识形态相对立的,充满诗情画意的文人话语,成为对个体的意识、心理与生活方式影响越来越大的新权威;第三,江南城市文化的功能由服务于意识形态控制和上层建筑需要转向以满足新兴的市民阶层的文化心理利益;第四,生命个体在森严壁垒的传统社会结构中获得了更多的独立性与更大的自由发展空间,江南城市包容着游离于传统生活方式之外的士人①。可以看到一些重要的现代城市文化特征最先是在江南地区开始显现。

2. 上海城市的崛起

在古代江南地区,上海在文化上处于边缘位置。但当我们站在历史后来者的角度,便可看出上海的兴起实则蕴含着深厚的基础。有学者考证,早在宋元之际,米芾、赵孟𫖯、高克恭以及元四家都曾往返于九峰三渚(今松江境内)之间,而任仁发、曹知白、张中等本地画家也知名于世。明代以董其昌为首的松江画派,以及程嘉燧、唐时升等为代表的嘉定画派,都是当时具有名重一时的画派。清代乾嘉年间,李廷敬的平远山房聚集了一批江南画家,形成了上海地区书画雅集的风气,成为晚清时期"海上画派"之先声②。时为文化中心的苏州主导了天下雅俗,所谓"苏人以为雅者,则四方随而雅之;俗者,则随而俗之"③。上海近水楼台先得月,自然而然在文化上与苏州有着更多的互动与交流。早期上海的昆曲,都由来自姑苏的文班所演,《淞南梦影录》有载,"沪上优伶向俱来自苏台",后

① 刘士林,苏晓静,王晓静.江南文化理论[M].上海:上海人民出版社,2019:121.

② 郭骥等著.孕育与蜕变:从江南文化到海派文化[M].上海:上海书店出版社,2019:40.

③ 周武.边缘缔造中心:历史视域中的上海与江南[M].上海:上海书店出版社,2019:79.

来仿苏州留园而建的双清别墅(徐园),还被认为是"昆曲复兴的温床"①。

开埠之后,上海开始显露出在文化上"日益强大的融汇、吸纳和替代的功能"②。随着人口数量和市民富裕程度的提高,上海出现了繁荣的都市娱乐生活,"夷场上添设戏馆、酒肆、娼楼,争奇竞胜。各路避难侨居者,尽有迷恋烟花、挥金如土。"③上海呈现出的新兴的娱乐生活与江南其他城市如苏、杭、扬州都有所不同,很快就取代并改变了长期以来"主天下雅俗"的苏州和扬州所代表的以文人士大夫雅趣为主的文化形式,而更偏向普通市民大众化和商业化的文化需求。由于方言、地貌、文化背景等缘故,以苏州为中心的传统江南文化在传播范围上受到局限。上海文化崛起后,这种现象有了改变。突破了狭义江南的地域、语言和文化的限制,包括宁波、绍兴、安徽、扬州等地的文化,甚至更远的岭南地区的粤文化,都在不同程度上影响着上海文化多元特征的形成。近代上海的新兴文化,既传承了苏州为代表的明清江南文化,也不排斥以北京为代表的北方文化,并同时包容了以广东为代表的岭南文化,采取了既充分汲取传统的养料,又不拘泥于原有的内容和形式,借鉴西方文化和运用近代技术,大胆创新,自成体系,逐渐替代了原本居于江南文化核心的苏州的地位④。

上海能够在一众江南城市中迅速崛起领先。究其原因,主要有以下两点:

首先,天然的地理位置使上海成为中西文化交流、对话的自由市场,甚至成为与政治中心点的北京有"并峙之资格"的中国社会中心点。西方传教士和商人在华从事活动时,输入了先进的工业技术。虽然最初是为宗教和商业的目的,但客观上也推动了上海工业和教育的发展。

① 曹聚仁.上海春秋[M].上海:上海人民出版社,1996:223.
② 周武.边缘缔造中心:历史视域中的上海与江南[M].上海:上海书店出版社,2019:196.
③ 王萃元.星周纪事[M].上海:上海古籍出版社,1989:52.
④ 郭骥等著.孕育与蜕变:从江南文化到海派文化[M].上海:上海书店出版社,2019:42—43.

例如,法国天主教士在徐家汇土山湾创办了印馆和画馆,引进石印设备印刷宗教书籍并培养中国学生宗教艺术,带来了西方近代科技和美育教育。此外,部分西方商人在华从事出版业、新闻业、唱片业和电影业,他们将文化生产视作能够获利的一种生意,同时也将当时世界上先进的文化生产技术和生产组织理念引入了中国。一定程度上,这促进了中西文化的交流,同时也推动中国本土文化的生产和传播方式的转型。加之印刷业的迅猛发展,更是触发了翻天覆地的文化传播方式变革。在上海,中文期刊、报纸、电影、唱机和唱片、无线电台等新兴媒体陆续出现,诸如博物馆、电影院、剧团、游乐场、电影制片公司等新兴文化设施也逐渐涌现,且上海文化设施的数量远远超过北平、天津、广州、武汉等地①。尽管北京也是西方文化的传播重镇与集散中心,但如前文所述,与北方文化的"政治—伦理"主导话语不同,上海是市民文化与生活方式的集散中心。

其次,雄厚的物质基础与丰富的人文资源,为上海提供了有力的支撑。尽管上海本身并不直接生产各种人力资源,但城市所具备的各种现代性"物质条件"与"精神基础",使之在中国现代人力资源的重新配置中成为最大的受益者。上海地区最早的居民,最早是随着陆地的逐步形成,从太湖流域顺势东迁而来的。第二次较大规模的迁入,是北宋、南宋之际随着宋王朝首都南迁至杭州,自中原一带迁移而来的。第三次是在元末农民起义时因避战乱,从江南、江北一带逃逸到上海的。第四次则是随着明清时期上海经济的逐渐繁荣,海上贸易的发达,从广东、福建、宁波等地来此经商淘金的②。废除科举后,上海、南京、苏州、无锡以及各府各县的学校如雨后春笋般涌现。上海更成为人文荟萃之地,江浙等地移民均投入到上海的文化建设大潮当中。到了民国时期,根据对当时上海的书店、出版社的创办人和负责经营管理人的籍贯所做的不完全统计,177人中

---

① 数据来源:熊月之主编.上海通史.民国社会[M].上海:上海人民出版社,1999:166.

② 熊月之.略论上海人形成及其认同[J].学术月刊,1997 (10):55—61.

有浙江 79 人、江苏 56 人,占据了大半壁江山①。

从近代以来,上海便作为中国的文化中心以及各种先进思想的宣传基地,进一步将江南文化中最有价值的文化基因发挥得更加淋漓尽致。上海成为各种文化和文明的交汇、交流与交融地,也正是在各种文化的相激相荡、相生相克中,海派文化开始逐渐发展壮大起来,并形成了自己独有的特征。

(二) 海派文化的特征

1. 商业化、世俗化、市民化的精神价值追求

正如前文所言,上海这座城市的兴起主要源于经济的优势,海派文化自然也是从商业文明中生成。"海派"一词最初是正统人士对上海绘画和京剧界的讥讽与批评之言。这是因为上海的绘画和京剧表现出中国传统绘画和京剧所未有的商业化气息。最早被称为"海上画派"者,是上海以卖画为主的画师和画匠,他们的作品不再仅仅是供达官贵人在闲暇之余欣赏的艺术品,而可被作为地地道道的商品;对其作品好坏的评价,也不再依照传统画坛公认的艺术审美标准,而是以市民大众的情趣与爱好为准绳②。海派文化的世俗性追求与江南文化传统的特征相一致,鲁迅在《申报·自由谈》发表文章指出,"北京是明清的帝都,上海乃各国之租界,帝都多官,租界多商,所以文人之在京者近官,没海者近商,近官者在使官得名,近商者在使商获利,而自己也赖以糊口。要而言之,不过'京派'是官的帮闲,'海派'则是商的帮忙而已。"

上海本就是座通商口岸,在商言商,商业意识自然而然地从各个方面浸染了海派文化。孙逊以小说创作和出版发行业为例生动形象地解释海

---

① 朱联保. 漫谈旧上海图书出版业[A]. 近现代上海出版业印象记[C]. 上海:学林出版社,1993:13.

② 朱英. 近代上海商业的兴盛与海派文化的形成及发展[J]. 三峡大学学报(人文社会科学版),2001(04):13—19.

派文化中的商业特性:

在古代,小说创作和刊刻大都是作者个人行为,不一定是为藏之名山,但也不以营利为目的;明代中叶以后,随着早期商品经济的活跃,书坊主的介入使小说创作和刊刻有了明确的商业意识和动机,但此时尚未形成正式的机制。近代以降,以上海为大本营的报纸副刊和文艺期刊多以小说招徕读者,它以稿酬为润滑剂,在编辑-作者-出版者-读者之间形成了一套完善的商业运作机制:报刊和编辑根据社会和读者的需求向作者征稿或约稿,作者按照报刊和编辑的要求进行写作和创作,出版者依据事先的承诺和约定付给稿酬,读者通过购买和订阅为报刊创造利润,同时也满足自己的审美需求。这是一套互动和多赢的机制,它使小说带有了商品的性质。而这套机制中两个最重要的环节:向社会公开征求小说和承诺稿酬,都发生在上海①。

不过,正是受益于上海商业的开放化发展,至19世纪50年代中期,上海开始取代广州成为全国外贸中心。抗日战争前,上海集中了国内四成的民族工业资本,其直接对外贸易总值占全国外贸总值的一半以上,且中国最早的外资银行和本国银行都首先在上海开设。到1948年,无论工厂数还是工人数,上海都占全国一半以上,成为了名副其实的多功能经济中心。工商业、跨境贸易及市场消费的发达和活跃,大力推动着海派文化的发展②。正是海派文化的市民趣味,使得它最接市场地气、最强调消费体验,当然,也最注重收益回报。

作为一座人口超过百万的特大城市,上海地区的市民阶层是城市中

---

① 孙逊."海派文化":近代中国都市文化的先行者[J].江西社会科学,2010(10):7—13.

② 徐清泉.海派文化发展的主要特征及时代向度[J].上海文化,2017(06):29—38+125.

数量最多的人口群体。其中还产生了许多新兴的市民群体,如以买办和通事为代表的新式商人、从事金融商业和实业投资的资本家以及城市管理部门和公共机构的职员与知识分子,这些都是有别于传统市民阶层的新型社会群体。他们是城市经济和社会活动的主要动力,也是文化生产和消费的主力。海派文化想要生存延续下去,自然要满足和符合这一庞大的消费群体的需求,迎合和适应他们的审美趣味,这样才有足够的市场竞争力。

2. 创新求变、兼容并蓄、中西交融的文化特征

上海能够迅速成为全国对外开放的最大通商口岸,并通过商业的频繁往来促进了文化的交流融合,得益于上海兼容并包、海纳百川的文化特点。从1840年到1949年整个近代,西学输入中国大半都是通过上海。晚清戊戌变法以前,中国输入西学的机构主要有墨海书馆江南制造局翻译馆、广学会等9家,其中7家设在上海。近八成西书也由上海出版,其中不乏具有开创意义且影响深远的西方著作。戊戌变法以后到辛亥革命以前,在全国95家翻译和出版西书的机构中,有56家设在上海,占据了半壁江山。上海不但是西学书籍的出版中心,也是新式思想的传播中心。近代中国的新闻出版机构几乎都集中在上海。1925年上海有出版中文书籍的各种书局、书庄、书社共121家,出版外文书的机构12家,印刷所112家,报刊出版社更是林林总总。此外,上海还拥有一批名牌教会大学,如圣约翰大学、沪江大学,以及国人自办的老牌大学,如南洋公学,知名度较高的中等学校有徐汇公学、中西书院、中西女中、上海中学等。在中国教育、新闻、出版、学术、艺术等方面有所造诣的知识分子,基本上都在上海活动过。其中有许多中国杰出的教育家、思想家、政治家、文学译家、国学大师、诗人等。种种体现时代精神的文化机构往往都首先在上海出现,然后逐渐推至全国。

这种包容性和开放性继而引发了文化上的创新,带来了一种求变精神。内地大量移民的迁入,也把中国各个区域的文化带进了上海,于是上

海成为各种文化和文明的交汇交流与交融地。各种艺术形式发生了不同程度的变异。其中最具典型意义的是作为国剧的京剧也借鉴了西洋音乐的和声原理与多声部演唱法则,创造了几个角色对唱、轮唱和齐唱的表演形式,令人耳目一新。这一艺术处理手法也为江南地方戏剧所普遍采用①。多样的文化给上海带来了不断创新求变的文化活力,也使上海成为一座充满魅力的现代都市。

在意识形态方面,上海对新思想的态度更是将兼容并蓄、中西交融的文化特点体现得淋漓尽致。晚清有9个出使大臣出身于京师同文馆或上海广方言馆,其中8人出自上海。上海知识分子冯桂芬、王韬、郑观应批判守旧、鼓吹革新的议论,被公认为维新思潮的先驱。新文化运动的号角亦首先在上海响起。从西方引进的公历、星期作息制度、西式婚礼、社交礼仪等,都在上海有着存在感。使上海成为当时中国最洋气的城市。今天的上海被称为"魔都",世界各地的各种文化与本土文化共存,催生出敢为人先的新事物和新现象。海派文化中,有欧美文化、俄罗斯文化、犹太文化等繁多的外来文化要素,也有着不同社会阶层和社会群体的文化要素。作为一种区域文化,在接受外来文化的态度方面无非或拒绝排斥,或吸收融合,海派文化显然采取了吸收、包容的姿态,为多元文化的融合提供了一个平台,成为兼容并蓄、中西交融的文化熔炉。

3. 区域引领,一体发展,为古老文化注入新的内涵

从根本上说,上海文化的特点植根于江南历史,是江南地区的共同精神财富,也是我们今天所倡导和正在进行的长三角一体化文化认同的基础。正如前文所述,长三角经济圈的形成、发展到繁荣,是江南文化历经千年发展的必然结果。地缘相近、人缘相亲,江南文化也必然会为长三角的全面融合提供了文化积淀与归属认同的基础。对于长三角地区而言,

① 孙逊.江南都市文化:历史生成与当代视野[J].学术月刊,2009,41(02):14—20.

要适应新时代的要求,就必须进行深刻的历史转型,努力克服自身的历史局限,总结历史上的宝贵经验,实现文化创新,为新一轮的腾飞提供新的动力支持。这也是今天研究"江南文化"、"海派文化"的应有之义。

随着长三角的高速发展,探讨其经社会发展根源的研究逐渐多了起来,同时也有越来越多的学者倾向于从文化特征的角度来解释。有学者强调,对江南文化、海派文化的创造性转化、创新性发展,很重要的一点便是必须植根于国情和实际,从现实的文化沃土之中汲取资源,寻找启迪;同时,又要用开放包容的胸怀从其他文化中汲取养分,融汇一切优秀文化成果。第一,泰伯奔吴带来了中原文明,不可避免的文明融合注定了长三角文化的开放心态,"吴文化"的本质即是一种多元文化。第二,大量外来人口迁入的挑战决定了超越文化界限的突破意识,各种不同的甚至相互冲突的文化在整合过程中都在进行着自我改造。第三,不断更迭的都城使得权力集中、资源集中的政治中心无法形成,市民文化实则为一种朴素简约的平民文化。第四,发达的工商业使"人"成为最重要的生产因素,兴办实业、艺术创作和学术研究都强调以人为本的创造力。

我们今天提炼"江南文化""海派文化"的精神,实质就是从长三角的历史文化传统与时代发展要求的结合中发掘[1]。我们研究"江南文化"、"海派文化",也必将将其放置到长三角的背景中把握其精神内核。正如顾晓鸣所说,江南与上海,互为"我和我",我中有你,你中有我,呈现出未来的无限可能性[2]。在今日,海派文化中的诸多要素以不同形式的方式影响着江南的众多城市,并在广义的江南地区中不断迸发出新的创造力,为古老文化注入源源不断的新内涵。

2007 年,习近平总书记将数百年来形成和不断发展的上海城市精神提炼概括为:海纳百川、追求卓越、开明睿智、大气谦和。以此为引领,平阳小学展开了以"海派文化"为依托的办学精神和学校文化探索。

---

① 徐锦江等著.海派文化新论[M].上海:上海远东出版社,2021:85.
② 郭骥等著.孕育与蜕变:从江南文化到海派文化[M].上海:上海书店出版社,2019:7.

三、平阳小学的地域特征与历史传承

平阳小学隶属于上海市闵行区古美街道。自 1998 年建校以来，历经 24 年的发展。尤其是 2005 年以来，在朱红校长的带领下，依据学校的现实情况，充分挖掘上海的地理、历史和文化特征与资源，开启了"海派文化系列课程"的探索与研发，为学校的建设和发展注入了新的生机与活力，并由此形成了别具一格的学校文化理念。

（一）学校地理位置

春秋战国时期，上海是楚国春申君黄歇的封邑，故别称为"申"。晋朝时，因渔民创造捕鱼工具"扈"，江流入海处称"渎"，松江下游一带称为"扈渎"，后又改"沪"，故上海又简称"沪"。唐天宝十载（751 年），吴郡太守奏准设立华亭县（今松江区），上海地区始有相对独立的行政区划。南宋嘉庆十年十二月初九（1218 年 1 月 7 日）立嘉定县，上海地区始有两个独立行政区划。1949 年 10 月 1 日，中华人民共和国成立，上海作为中央直辖市，是国务院批复确定的中国国际经济、金融、贸易、航运、科技创新中心。如今，上海下辖黄浦区、徐汇区和闵行区等 16 个行政区。

作为一所上海的城市小学，平阳小学对"海派文化"的初步探索是从 2005 年开始的。这是由于我们深刻感受到，迈入 21 世纪以来，一方面，随着改革开放的进一步深化，上海建设国际大都市的步伐在不断提速；另一方面，随着全球化程度的提高，在文化相对开放的上海，学生对自身的文化认同已显现疏离与隔膜。怀着浓浓乡情的我们发现，祖祖辈辈生长在上海的孩子们对于自己生活城市的历史、人文、风俗、语言已知之甚少。以传统文化的深厚沃野为基础，弘扬民族的精神品质是现代学校在经济飞速发展时代所承担的社会责任。民族的命运呼唤着我们；历史的责任鞭策着我们,留住中华之"根";弘扬中华之"魂"。"海派文化"是中华文化的重要部分,我们理应充分挖掘和加以利用,使之得以传承和发扬。

地处江南腹地的闵行区横跨浦江两岸,形似巨型钥匙。从历史上来看,秉承了上海县700年历史文脉,有春申文化2000年之渊源,更有5000年上海之根马桥文化的积淀和浸润。改革开放以来,经历了旧城改造和新城开发,在城市化进程中依然保存了地方文脉和历史坐标。同时基于老闵行地区的工业基础,上海航天城落户闵行。闵行区又引进了一批世界500强、优质外资及上市企业,形成了浓厚的产业氛围,为闵行腾飞提供了最基础的动力。近年来,闵行区也在教育上加大投入,不管是学校总量还是名校数量,已然成为全市教育发展速度最快的地区。同时,闵行区品质卓越、生态宜居的现代化新城区建设也取得重大进展。宜居宜业的闵行区东部特色新市镇焕发蓬勃生机。平阳小学所处的古美路街道原属于近郊农田,1996年12月28日,上海轨道交通1号线南延伸段通车后,由于莲花路站与外环路站位于附近,古美迅速成为新型社区,吸引大量人口迁入。

人口的大规模迁入给闵行的教育发展带来了生机,也带来了一定的挑战。尤其是平阳小学地处闵行繁华的南方商圈,毗邻锦江乐园,位于中环以外,外环以内,周围地铁和公交等交通尤为便利。得天独厚的地理环境,一方面为学校发展提供了广阔的空间;另一方面,由于位于人口输入区,人口来源有市区动迁户、本地拆迁户、商品房购置者与外来务工者,复杂的人口来源,参差不齐的生源也给学校教育带来了一定的难度。如何加深外来学生对上海和闵行的了解,增强他们的地域归属感,从而提升他们的学习动力和整体幸福感,是我们必须面对和重视的问题。

校园精神文化是凝聚师生的关键。对于拥有上海本地学生和不小比例随迁学生的平阳小学来说,校园精神文化的建设更是重中之重。唯有扎根地域文化,弘扬民族精神,才能创出特色,打造学校文化品牌。因此,我们把提升学校文化品质的目光投射到了开发"海派文化"的丰富资源中。在深度理解上海城市文化发展历史和当代上海城市构成特点的基础上,透过时光的万花筒,我们试图带领学生共同探寻上海崛起与发展的传奇。一座城市的脚步，一段历史的沧桑，蓦然回首，700 多年的时光长河留给了我们极为丰富的教育资源：孙中山、宋庆龄、鲁迅、"左联五壮士""永不消失的电波——秦鸿钧"……多少风流人物在上海留下了荡气回肠的故事；四行仓库回荡着"八百壮士"的铿锵战歌；犹太人的心中永藏着上海人民的"青青橄榄枝"；"海陆空"和"母亲河"的改造、"棚户区"以及"滚地龙"的巨变等，多少建设者在上海创下了世界瞩目的奇迹。尽管历史上的上海既非"物华天宝"的产地，也非"人杰地灵"的故乡，但她敞开了广阔的胸怀，促成了五洋杂处、人才荟萃，使全国乃至世界各地的人们来此聚居、拼搏并书写诗篇、创造辉煌。基于这些丰富的教育资源，我们开发了一系列的海派文化课程，比如，带领学生漫步上海，将上海的标志性建筑石库门搬进校园，并将上海小囡喜闻乐见的弄堂游戏和沪语童谣引进课堂等，期望可以将上海的文化积淀植根于平阳学生的心中；悦纳来自五湖四海的孩子，打造精致的校园和丰富的课程，努力展现出现代上海的人文魅力。

（二）学校历史沿革

平阳小学位于上海市闵行区古美四街坊内，属于闵行区城镇化开发初期的公建配套学校。创建初期，在时任校长张庙生的带领下，共有 5 个教学班，百余名学生和不到 30 位任课教师。2005 年 9 月，朱红调任校长，有 11 个教学班，303 名学生。作为一所全日制的普通小学，平阳彼时已经走过了 8 年的建校历程。纵观 8 年来的成长与发展，在领导与教师的共同努力下，学校的确取得了可观的成绩。但是，学校文化建设的缺失使学校的发展进入了"瓶颈期"。学生的自我意识增强了，家长的教育期待明确了，社会的教育需求立体了。而面对日新月异的教育环境，学校的发展亟需突破"瓶颈期"；教师的发展必须明确"聚焦点"；学生的发展更需全新的"生长带"。开展校园文化建设，提升学校的文化品质是学校立足校情获得主体内涵发展的积极尝试。因此 2005 年，我们开始依托"以人为本"的教育理念与平阳独特的地理环境,将开发上海本土文化教育资源、传承城市的海派精神作为提升学校文化品质的"切入口",将本土文化摆放到中华传统文化的绵延赓续、民族精神的培育的天平上去重新衡量。倾力于本土文化资源的开发、重建、培育与弘扬,使之形成一种自我生存的能力,增强自身的"造血"功能,得以真正承继和延续。平阳人近二十年来的心血和努力集中体现在"海派文化系列课程"中。

2006年,平阳小学正式开启"海派文化系列课程"的研发。第一门校本课程《海上七彩风》,以"海上"意寓上海,以"七彩"指代阳光校园的七个课程板块,以"风"比拟上海引领时尚、教育创新之风。学校以学生们的成长需求为出发点,通过环境浸润、课程渗透、活动体验,以丰富多元的形式,让孩子们了解上海的历史与文化,探寻上海的发展与未来,为学生的多元体验和自主发展提供了可能。这门课程不仅受到学生和家长的喜爱,还很快引起外校的注意,不少来上海学习培训的外地小学校长临走时都会带走一本教材,该课程也成为当年闵行教育学院评选的优秀校本课程。不久,学校又在区教研员孟小康老师的帮助下整合推出《小门票大上海》课程,力图通过让学生收集门票的方式,进一步深入探究上海。继而又自编了《小巴腊子玩手球》特色体育课程。这三门课程极大丰富了学校的拓展型课程,由此衍生了沪剧、弄堂游戏、上海童谣等50多个科目供学生们自主选择,并形成了10多个学生社团。更多的课程内容将在本书随后的章节中一一细述。概言之,如表一所示,这套校本课程自初创以来,经历了探索、转型和迭代三个发展阶段;基于多年来的累累硕果,我们也将不断向前,迈入课程升级的新阶段。

表 1-3-1 "海派"系列校本课程发展

课程发展阶段	年 份	具体事项
课程探索阶段	2005	启动"海派课程"研究
	2006	

（续表）

课程发展阶段	年 份	具体事项
课程探索阶段	2007	
	2008	全方位实施"海派课程"
课程转型阶段	2010	启动"特色课程"研究
	2012	
	2013	
	2014	
课程迭代阶段	2017	市"小主综"试点校
	2018	启动"综合课程"研究
	2019	

（续表）

课程发展阶段	年 份	具体事项
课程迭代阶段	2020	
课程升级阶段	2021	梳理、总结与新探索的开始

（三）学校文化理念

学校文化是指在一个学校内，经过长期发展积淀而形成的，以校内师生主体创造并形成共识的价值观念、办学思想、办学理念、群体意识、行为规范等构成的体系，是一个学校校园精神与氛围的集中体现。基于我们对江南文化和海派文化的挖掘和理解，以及对习近平总书记16字概括的上海城市精神的学习，学校着力于挖掘/解读"海纳百川、敢为人先、艰苦奋斗、追求卓越"的城市精神内涵，将上海独特的城市文化融入到校园文化建设中。换言之，即让海派"海纳百川，艰苦奋斗"的兼容务实内涵植根于我们的校园；让"追求卓越，敢为人先"的开拓创新精神引领学校的办学思想。依托校园文化这个载体，直接服务于学生的自主、自由、健康和充分的发展。基于这样的思考，学校从"海派文化"的内涵解读出发，依据学校的价值追求，重新规划设计了学校的办学理念、培养目标、校风、教风、学风等。形成了以"本土文化"为外在物质文化形象，以"平实·阳光"为内在核心办学理念的独特校园文化品牌。

如上所述，海派文化具有丰富而独特的内涵特征。为了更好地指引校园文化建设，我们经过多次学习和讨论，逐步形成了平阳人对海派文化的理解。在我们看来，海派文化是植根于中华传统文化基础上，融汇吴越文化等中国地域文化的精华、吸纳借鉴现代西方的文化因素而创立的富有自己独特个性的文化。其特点是:海纳百川、善于扬弃、追求卓越、勇于创新。相对来说,海派文化的定位在外来文明和中国传统文明之间,在精英文化和通俗文化之间。海派并非仅仅是一种地域概念,而更确切地说是一种文化概念;海派文化也不是简单的一种地方文化,而实际上是"海纳百川、善于扬弃、追求卓越、勇于创新"的城市精神在文化上的指称。海派文化特征中的开放性、创造性、扬弃性和多元性是最为我们所看重的。

平阳小学周边围绕着多个大型居民区,按理说不愁生源,却因办学时间不长而名不见经传,甚至因为接收了九星市场生意人的孩子,成为了一些不明就里的家长和教育机构口中的"菜小"。加之靠近上海传统的教育大区徐汇区,附近不少动迁户等家庭优先选择了户籍所在地的学校就读,以致于很多孩子虽住在学校周边,却在徐汇等城区上学。此外,作为新兴城区,学校半径2公里内闯入4所知名的民办小学,一些不愿孩子读"菜小"的家长,转投当时竞争并不激烈的民办小学。校长朱红表示:"我们学校的孩子的确来自五湖四海,但不应该从地域上来划分好坏。做教育就是要打开校门,无论来自什么家庭、受过怎样的学前教育、是否在身体上有所缺陷,都要敞开双臂和胸怀,去欢迎每一位愿意来读书的孩子,并且有责任给予其良好的教育氛围和条件。"这意味着,我们校园文化核心是让每一位孩子真正融入上海,并且能够展现当代海派文化的精神风貌。

基于我们对文化内涵的解读和对现实状况的理解,学校以"平实·阳光"为核心,明晰了办学理念——"追求平实的育人品质,营造阳光的育人环境"　和"做阳光教师,享受教育幸福;做阳光学生,体验成长快乐"的培养目标,并确立了"求知、求善、求真、求新"的校风,"敬业、爱业、勤业、乐业"的教风,以及"自律、自主、自信、自强"的学风(如图一所示)。为落实学校文化理念,我们确立了基础建设、文化建设和特色建设"三线并行"的发展方向,稳步建设以"本土文化"为依托的校园文化环境,逐步构建以"校本化"为亮点的学校课程体系。

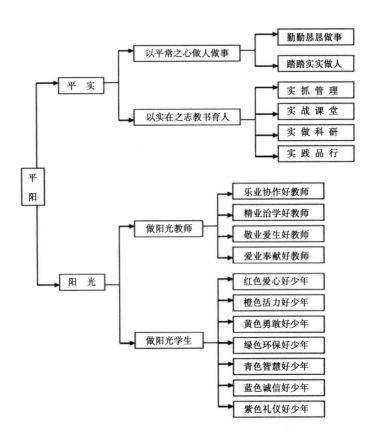

图1-1 "平实·阳光"办学理念发展目标架构图

第二章

千水一瓢饮:海派文化的课程转换

一、从文化资源到学校课程的转换机制

(一) 文化资源与学校课程

1. 文化与地域文化

(1) 文化

英国人类学家泰勒在《原始文化》一书中将文化解读为"包括知识、信仰、艺术、道德、法律、习惯以及其他作为人类的成员而获得的种种能力、习性在内的一种复合的整体"。[①] 泰勒的文化定义被认为是首次给文化一个整体性的概念,为后来的文化研究奠定了基本的范畴。文化人类学家本尼迪克特认为:"文化是通过某个民族的活动而表现出来的一种思维和行动方式,一种使这个民族不同于其他任何民族的方式。"[②]任何一种

---

① 余清臣.卢元锴.学校文化学[M].北京:北京师范大学出版社.2010:5.
② 刘正伟,李品.论基于地方文化的校本课程开发[J].教育发展研究,2006
(17):14—17.

文化就其适用性而言都表征为一种"地方性文化"。我国学者梁漱溟则认为,"文化是那一民族生活的样法",不同的人类生活实践建构出不同的文化类型。如此而言,文化虽然具有区别人与动物的普遍性,但就不同群体、民族与国家之间的文化而言,文化则表现为特定时空范畴下人的独特性存在方式。这种独特性构成了文化的境域性特征,即文化是某一群体在特定时空下的活动方式与活动结果的辩证统一。

（2）地域文化

如前所述,文化具有境域性特征,一定程度上就表现为不同的"地域文化"。所谓"地域文化"是指"在一定空间范围内特定人群的行为模式和思维模式;而不同地域内人们的行为模式和思维模式的不同,便导致了地域文化的差异性。"[①]由于受到自然环境、历史文化等方面的影响,不同地理位置的不同民族在社会组织形态、生活习惯、生产方式、文化传统等方面都存在着不同程度的差异,从而形成具有鲜明地理特征的地域文化。从文化的空间分布上看,"和而不同"是中国地域文化的总体特征,在中华文化的版图内,各种文化和谐发展而又各自保存自己的特色。一般来说,地域文化具有如下特征[②]：

首先,地域文化具有地域性。地域文化的产生是某一地区的人民在和自然、社会的交互中形成的,其传播具有地域性,并具有和其他地域文化不同的鲜明特征。如齐鲁文化、巴蜀文化、吴越文化等。

其次,地域文化具有亲缘性。地域文化是与本地人民关系最密切的文化,是本地人民日常生活中耳濡目染,亲身接触并参与其中的文化。人们既是地域文化的欣赏者,更是地域文化的创作者和实践者,他们的生活本身就是地域文化的本体所在。人一出生,便毫无选择地落入一个文化之网,这个文化之网是既定的,他只有在适应的前提下,才能生存与发展。

再次,地域文化具有潜在性。对于生活在其中的人而言,地域文化是

---

① 张凤琦."地域文化"概念及其研究路径探析[J].浙江社会科学,2008(04)：63—66.

② 王海燕.地域文化与课程[D].华东师范大学,2003.

潜在的。虽然地域文化对个体而言是与身俱来的,但一个人在既定的地域文化中生活久了,便也不自觉地表现出种种文化烙印,自己的一言一行与身边人的一言一行之间达成了默契。

最后,地域文化具有丰富性。地域文化是丰富的物质、精神文化相互交融的产物,涵盖生活的方方面面。

（3）海派文化

海派文化是一种地域文化,因而它具有地域文化的特征,同时又因为海派文化的时空独特性,它又不同于其他的地域文化。如第一章所述,海派文化是根植于中国传统吴越文化、融合其他地域优秀文化而逐渐形成的以上海为核心发散的地域文化,"海纳百川、兼容并蓄"是其核心与灵魂。这一地域文化性格促使海派文化兼具地域文化的地域性、亲缘性、潜在性和丰富性等特点,同时其时空独特性还带来了有别于其他地域文化的特征。上海大学海派文化研究所经过研究提出,海派文化具有以下四个基本特征[1]:

一是开放性。海派文化姓海,能够海纳百川,不闭关自守与固步自封,不拒绝先进与排斥时尚。

二是创造性。海派文化善意吸纳但并不照搬照抄,也非重复和模仿,而是要富含创新精神,洋溢创造活力。

三是多元性。上海的历史背景与居住人群决定了其多元性,雅俗共存,阳春白雪与下里巴人都可以存在于其间,营造的是不同种族、不同民族的人们共同居住的一个空间氛围,这也是其开放性下所必然具备的。

四是扬弃性。百川归海,难免泥沙俱下,鱼龙混杂,因而不加选择会造成盲目与盲从,海派文化的开放、包容等特性不可避免会带来良莠不齐的文化观念,海派文化只有不断地去其糟粕、取其精华,才能真正做到善于吸纳。

2. 校本课程与学校课程

关于"学校课程"一词的概念界定,当前学术界大多简单地将校本课

---

① 袁妙丽. 海派文化校本课程开发研究[D].上海师范大学,2012

程理解为学校课程。校本课程主要是对本校的课程资源进行开发选用，重点针对学校自主开发的课程，而不包括对国家课程和地方课程的校本化实施，因此将校本课程等同于学校课程是不恰当的。"学校课程"应是学校所提供的一切有助于学生发展的课程，既包括对国家课程和地方课程的校本化实施，也包括开发具有学校特色的校本课程。

《基础教育课程改革纲要（试行）》中提出了实行国家、地方和学校三级课程管理制度，并对学校层面的课程管理职责进行了说明：其中，学校"应视当地社会、经济发展的具体情况，结合本校的传统和优势、学生的兴趣和需要，开发或选用适合本校的课程"，由此可见，学校通过对其自身拥有的内隐的、模糊的机会进行深入挖掘、开发、外显化、组织形成的课程才是具有学校特色的校本课程。此外，学校不仅需要依据国家和地方的要求，确保国家课程和地方课程的具体实施，更要对国家和地方课程进行校本化改造，保证国家课程和地方课程在学校的适应性。

3. 文化资源与学校课程的关系

文化资源与学校课程之间存在着密切的关系，不同学者从不同的角度给出了对两者关系问题的思考。吴也显先生认为："学校课程属于观念形态的文化。它的内容概括了人类所积累的基本社会经验。因此，从某种程度上说，学校课程是人类文化史的缩影。社会所积累的文化是课程的主要源泉，而课程则是文化传播的一种有效手段。"课程既源自于文化，又具有文化传播的功能。学校课程具有传递人类文化遗产与吸收并融合各国先进文化的功能。[①] 施良方先生从社会学的角度来审视两者之间的关系，他认为："学校课程总是离不开社会文化，作为社会文化的一个重要组成部分，课程既传递和复制社会文化，同时也收到社会文化尤其是意识形态的规范制约。"[②]有学者认为："课程本身就是一种特殊的规范化的社

---

① 吴也显.学校课程和文化传播[J].课程.教材.教法,1991(03):10—15.

② 施良方.课程理论——课程的基础、原理与问题[M].2020:51.

会文化。从某种角度讲,历史上每次课程改革都是特定历史时期社会文化发展的要求。或者说,任何课程理论研究与课程改革实践,无不以某种文化学理论为逻辑支撑。"①还有学者提出："文化不一定表现为课程,但课程实施的深处一定是文化的。课程是对人类优秀文化的加工与改造。其加工旨在采用适合青少年的学习与接受的方式,其改造旨在守正创新,即对已有文化进行创造性转化,对外来文化进行本土化转化。当然,这种加工与改造不是否定一切、推倒重来,而是一种基于继承传承之上的善于扬弃与自我超越。"②综合已有观点来看,研究者普遍认同文化是课程的源泉,同时课程又对文化有传承、建构、提炼、创造的功能。文化与课程的关系主要可以从以下两方面来阐释:

首先,从课程发展的角度而言,文化不仅是学校课程内容选择的重要来源,而且是将课程改革引向纵深发展的核心要素。从本质上讲,课程内容的选择是一种遵从文化发展脉络而进行的文化赋予。可以说,学校课程所传递的文化内核在某种程度上将塑造学生的文化气质与民族归属感。在此过程中,学生既是文化的传承者,也是文化的创造者。学生通过课程这个载体,在与他人的对话过程中进行文化表达,在对地域文化的学习中构建个体文化图式。从表面来看,学校课程是文化传承的工具;从深层次来看,课程在与文化的互动中,无时无刻不在构建自己的文化品味,形成自己的文化特色,维系自己的文化主体性存在,并表现出更大的包容性与现实性,为学校课程改革与创新带来新的发展契机。

其次,从文化传承的角度来看,学校对文化资源及精神的撷取,既非拿来就用,也非只借不还,必然经过"取—舍"的权衡过程和"取—予"的"公平交易"过程。③ 课程之于文化,不只是一个传承文化的工具,更在传

---

① 吕达,刘捷.课程发展、教师专业发展与学校更新——第七届两岸三地课程理论研讨会综述[J].课程.教材.教法,2005(06):4—9.

② 刘启迪.论我国课程文化建设的走向[J].湖南师范大学教育科学学报,2018,17(06):66—71.

③ 杨小微.长江文化共识下学校文化建设的思路探寻[J].教育发展研究,2012,32(08):1—6.

承文化的过程中进行文化选择,促进文化的创新与发展。一方面,文化的传承离不开学校课程。文化的传承需要一定的载体,学校课程可以对文化内容进行梳理和构建,以一种整体性和系统性的方式传递给受教育者,帮助其实现文化内化。另一方面,课程作为文化传承的载体,并非简单机械地全盘吸收,而是对其进行梳理、提炼、打磨和赋值,是对地域文化的选择和再造。在与文化的互动中,学校课程根植于一定的文化环境中,对文化进行选择、反思和重构,使其形成适合特定儿童学习的课程内容和呈现方式。从某种意义上来说,学校课程开发也是一种文化价值判断,其背后是不断丰富的文化资源对课程改革的推动。

4. 海派文化转化为学校课程的价值

教育是一种文化现象,是整个人类文化的有机组成部分。在教育活动中,无论教育者还是学习者都会围绕文化资源创造新的文化内涵,从而丰富文化价值。对一个地方的文化发展而言,通过课程传递和重塑文化,可以为文化的可持续性发展提供动力。海派文化作为一种特有的地域文化,将其转化为学校课程具有多重价值。

(1)完善学生个性

将海派文化转化为学校课程,能使身处上海的学生通过对本地区的文化的了解,认识到本地区文化的价值,产生文化归属感。与此同时,可以增强学生对它域文化的敏感与包容,培养学生尊重差异,形成对多元文化的尊重和包容态度,从而促进学生人格的发展与完善。

(2)丰富学校课程形态

学校的日常活动都是在学校所处的某一地域开展,因而学校教育与所处地域必然会有显形或隐性,长久或短暂的关联。生活在海派文化氛围中的教师与学生,其思维模式、行为习惯、语言习俗、价值观念等必然会受到海派文化潜移默化的影响。将海派文化独有的"包容性"和"多元性"及独特的自然人文景观、民间艺术、民俗民风等融入学校课程体系,能够增添学校课程的人文情怀,丰富课程形态。

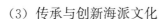

（3）传承与创新海派文化

对学生个体而言，"社会"是一个相对抽象的存在，而"地域"才是具体的、明确的、可触碰的对象，地域是学生个体社会化的起点，地域文化对学生而言是最易感知和接受的。因此，将海派文化融入学校课程体系，充分发挥课程筛选、提炼、加工和改造的功能，有利于推进对海派文化的传承与创新。

（二）文化资源到学校课程的转换机制

将文化资源转化为学校课程需要课程开发者充分理解地域文化的内容，在把握其与课程之关系的基础上，对课程开发与实施过程进行多方面考量，从而将文化资源转化为学校课程。华东师范大学杨小微教授曾提出学校文化建设的思路，即：唤醒文化自觉、增长文化自信、走向文化自强。① 事实上，这三种思路不仅仅是对如何建设学校文化的辩证思考，还可以衍生出从文化资源到学校课程的转换机制。

1. 唤醒文化自觉:文化的境遇性融入

文化的力量虽然无处不在，但见之无形，身处其中的人们最容易视而不见、听而不闻、觉而不察，所以要实现文化资源到学校课程的转变，首要的事情就是唤醒文化自觉，实现文化的境遇性融入。

文化自觉本质上是对文化价值的觉悟觉醒。"文化自觉首先是对自己的文化有自知之明，也就是充分认识自己的历史和传统，这是一种文化延续下去的根与种子。""文化自觉不仅是理解与把握自己文化的根和种子，更重要的是要按现代的认知和需要来诠释自己的历史文化。""在全球化的今天，文化自觉还有一层非常重要的内容，就是要在多元文化的背景下找到民族文化的自我，明确在新时代下中华文明存在的意义，它可以为

---

① 杨小微,张良.学校文化建设的思与行[J].人民教育,2013(Z1):23—26

世界的未来发展作出什么样的贡献。"①文化理解可从自身文化中有什么、缺什么以及该如何行动等方面开展。学校课程体系建设不是割断历史式的从天而降、空穴来风,必须与文化传承相携而行。

学校课程建设,一方面是基于地域文化自身中所拥有的历史文化价值理念,如开放、包容、多元等,加以辨析,去伪存真,并结合新时代的要求重新阐述其当代价值;另一方面则是针对自身文化中缺少的,如批判精神和创新意识,吸纳异质文化以更新和丰富自身的文化传统。两种机制的互动和交融共同构成了学校课程建设过程中的行动逻辑与实践导向。

怎样实现文化的境遇性融入?首先,文化的境域性融入,强调对于学生这个学习主体的重视,要求课程开发者重视学生的心理逻辑。文化学习应该建立在学生理解的基础上,任何有效的教育都要以儿童的心理发展为基础,契合他们的内在心理需要。相反,如果教育忽视了儿童的先在状态,那么这种教育只能流于形式。将文化资源转化为学校课程应以具体问题为出发点,充分关照师生的生活。不论是知识的讲授,还是文化的传承都离不开人这个主体,只有人与知识进行互动,对知识进行加工内化,作为知识内核的文化才得以传承下去。因此,文化资源的转化也应课程主体的"主体间性"列入考虑维度之内。教师和学生都是课程的主体,同时也是课程实践的对象。课程的开发需要从特有的文化背景出发,理解学生的兴趣、爱好、需要、价值观等。通过这种方式,使课程主体之间保持一种"主体间性"。②

其次,文化的境域性融入,要求课程转变其学科知识导向,注重过程性评价,关注学生与文化的对话过程而非结果。课程要在帮助学生实现文化内化的同时,促进文化的创新发展。课程不仅要传递某种文化,还要让学生通过课程构建一定的文化,在理解、批判与反思的过程中形成文化

---

① 乐黛云.文化自觉与中西文化会通[J].河北学刊,2008(01):185—189.

② 王彬,向茂甫.课程文化——从工具论到本体论的认识[J].内蒙古师范大学学报(教育科学版),2004(04):8—10.

构建意识和能力，而不是无条件地接受。学生作为课程学习的主体，具有主观能动性，具有理解和构建文化的能力。学生可以根据生活体验与文化体验自主地诠释、创造有意义的文化世界。[①]

2. 增长文化自信：文化的多元化选择

在一个急剧变化的全球化、信息化时代，只有以一种开放的心态去体验和感悟文化环境，并有所发现和行动，才能渐渐增长文化的自信。文化自信本质上是对文化生命力的信念信心，增强文化自信需要我们有对历史传统文化、红色革命文化、民族民间文化、当代中国文化的理性审视，对世界历史文化、异域民族文化、现代文明成果的包容借鉴。[②]

学校课程建设不应只局限在地域文化的范畴，应注重多样化的文化资源融入学校课程。当前，文化不断朝着多元化的方向发展，学校课程也应随着社会发展而不断进步，在不同的社会环境下生成不同的课程内容。在课程文化建设方面，学校应力求在多元文化的基础上，从各种不同的文化中汲取丰富的课程资源，不仅要实现课程的国际化，还要坚持课程的民族化，培养学生跨文化的理解能力与综合性的问题解决能力。

学校要在不断探索与行动中增长文化自信，不仅要以一种开放的心态去体验和感悟文化环境，而且要善于行动，发现学校周边文化环境与自己学校课程建设的结合点。比如平阳小学位于长江入海处，学校以上海城市的海派精神作为课程建设的切入口，将海派文化课程整体命名为"海上七彩风"，"海上"隐喻上海及其城市精神内涵的理解，"七彩"比喻了多元文化的融合，也代表了本土文化资源开发的七个维度，"风"代表上海城市的特点领时代之先，是一个具备时尚与传统独特风情的城市。这一系列学校课程建设的形式实现了将长江文化与海派文化的交汇与对接。

---

① 陈月明丹. 多元文化教育视野下的校本课程研究[D]. 云南师范大学,2004.
② 启瑄. 提升文化自觉 增强文化自信 实现文化自强[J]. 新湘评论,2012(07)：11—15.

3. 走向文化自强：文化的反思和重建

只有充分调动想象力和创造力、对文化进行不断地反思与重建，才能一步一步走向文化的自强。文化自强，对学校课程建设而言，就是对文化立校、文化兴校、文化强校的向往与追求。学校文化自强之"自"，意味着立足自己的实际、依靠自己的力量、突出自己的特色，走自己的文化强校道路；学校文化自强之"强"，指的是使学校文化不仅产生化育生命、凝聚自身、辐射社区和社会的强大吸引力、影响力，而且激活和焕发出创新教育文化的活力与创造力，不仅能够为学校课程建设提供一种持续的动力支撑，而且成为影响学校课程建设的关键所在。

文化自强需要在上述"文化自觉"、"文化自信"的基础上对文化进行反思和重建，这种反思与重建不仅需要选择合适的内容、方法、策略，而且要把握好目标、方向和灵魂。

在学校课程建设中，首先要把握其"灵魂"——即文化核心理念。学校课程都需要建立在国家课程和地方课程之上，校与校之间很容易千篇一律，然而一旦准确把握了学校自身的文化"血脉"和精神特质，学校课程的特色与个性就有可能充分显现出来。学校课程建设的内容大致由两个来源：一是学校自身发展的历史积淀；二是学校所处地域的丰厚文化资源。对前者不仅需要总结提升，同时要阐发其当代价值；对后者，即地域文化资源，则需要从教育的视角去筛选和提炼，并从学校的实际出发寻找其结合点和融合的可能性。来自时空两个维度的资源若能有效融合，将使学校课程显示出丰厚的历史感和深刻的时代性。

（三）海派文化转化为学校课程的基本架构

1. 基于海派文化开发学校课程的目标

（1）培养学生的品性与能力

学生是课程学习的主体，学校课程开发的重点在于增强课程对学生与学校的适应性,因而学校课程的开发必须遵从学校与学生的发展需求。对于生活在上海这座"兼容并蓄,海纳百川"的国际化大都市的学生而言,很多人置身其中而不自知,将海派文化转化为学校课程有利于唤醒学生的文化自觉,帮助学生拓展国际化视野与开阔的胸襟,提高民族文化认同。立足学生发展需求来开发海派文化课程,打造和谐、开放、包容的海派文化学习环境,能够加深学生对本地文化的认同感,对异域文化的包容心,在与生活紧密联系的社会实践活动中培养学生良好的动手能力、洞察能力、获取信息的能力和与人交流的能力等,培养个体的反思能力与价值意识,促进学生个体主体性需要的出现即实现文化的超越,达到对真善美的理想追求,在人与文化的"交互作用"中促使文化的创新。

（2）海派文化的传承与创新

泰勒在《课程与教学的基本原理》一书中指出:要加强校外课程,帮助学生与校外环境打交道。[①] "校外课程"即利用学校所在地域的文化资源来进行开发的课程,海派文化作为一种地域文化,是身处其中的学校进行课程开发的最便利的资源,以此打通儿童学习与生活世界的联系。将海派文化引入教育领域,作为课程开发的文化资源,充分发挥课程的筛选与传递功能,去伪存真,去粗取精,正面引导与重建海派文化,把积极、开放、灵活、多样的海派文化精神传承发扬。学生是社会的建设者和文化的传播者,只有接受、理解并内化,才能促进海派文化的传承与创新。

2. 基于海派文化的课程体系建构原则

（1）价值反思与再造

地域文化是人们睁眼看世界的起点,由于其具有潜在性,使人们不自觉地表现出种种文化烙印而忽视了背后的缘由,也就失去了对地域

---

① [美]拉尔夫·泰勒著. 施良方译. 课程与教学的基本原理[M]. 北京:人民教育出版社,1994:123.

文化的价值反思和价值判断能力。在海派文化课程体系架构中建立海派文化与生活世界的联结,帮助学生从价值无意识状态中摆脱出来,通过正确判断海派文化的积极面和消极面,在获得文化认同的同时,又能看到其不足,形成参与和发展海派文化的使命感,促进海派文化的传承与创新。

（2）呈现真实情境

海派文化课程开发应着重于真实生活情境的运用,强调体验的重要性。生活情境相较于文本情境或课堂情境具有更加真实、生动的独特优势,通过文字、图像或声音传递的效果难以代替生活本身。因此将真实的生活情境运用于海派文化课程开发中,能够打破校内生活与校外生活的界限。学生既是海派文化的体验者和学习者,又是海派文化的传承者和实践者,学生在日常生活中寻找海派文化,并在学生的日常生活中学习和理解海派文化,可以充分利用地域文化的亲缘性,使学生获得熟悉感和亲近感,激发强烈的学习动机。

（3）体现地域文化特色

学校课程开发本就是立足于区域实际的,开发重点应聚焦于本地区可利用的各种自然资源和社会资源,由区域性衍生出针对性和本土性。将海派文化转化为学校课程要充分体现地域文化特色,从内容上要充分挖掘海派文化资源,从风格特征上要充分发挥海派文化海纳百川、兼容并蓄、灵活创新、追求卓越的特征。

（4）培养学生多元文化观

文化观是做出合理的文化判断和文化选择的重要前提,不同的地域文化都有其独特的价值,培养学生对海派文化的认同和对家乡的热爱,不等于培养文化的自我优越感,更不等于培养狭隘的"地方主义"。通过地域文化之间的比较,要培养学生尊重海派文化的同时也尊重他域文化,包容多元文化。文化是需要不断发展的,在帮助学生看到海派文化价值的同时也要引导学生敢于批判和创新,培养学生责任感和使命感的同时促进海派文化的传承和发展。

3. 海派文化作为课程资源的内容选择

（1）课程资源

基于海派文化的学校课程开发,首先需要筛选有效的课程资源。华东师范大学吴刚平教授将课程资源分为"素材性课程资源和条件性课程资源",其中,素材性课程资源的特点是作用于课程,并且能够成为课程的素材或来源,比如知识、技能、经验、情感和价值观等;条件性课程资源的特点则是作用于课程却并不是形成课程本身的直接来源,但它在很大程度上决定着课程的实施范围和水平,比如,人力、物力和财力、时间、设施和环境等。① 根据上述分类方式,学校将海派文化资源提炼为上海历史、上海变迁、上海名人、地方风俗、地方特色、地方语言、地方剧种等七个内容。

（2）课程内容筛选的原则

课程内容是指各门课程中特定的事实、观点、原理和问题,以及处理它们的方式。课程内容的选择和组织,是课程开发过程中的一项基本工作,它涉及方方面面,也是许多课程问题的集结点。在选择和组织课程内容时,除了要考虑其与目标的相关性,还要考虑课程内容的科学性和有效性,它们对学生和社会的实际意义,它们能否为学生所接受,以及是否与学校教育的基本任务相一致等问题。② 泰勒提出把教育哲学(办学宗旨)和学习理论(学习心理学)作为两把筛子,对教育目标进行筛选和过滤。把海派文化作为课程资源,课程内容的选择也应当结合学校的教育哲学和办学宗旨,并与学生的身心发展特点相符合及教师的教育水平相适应,才能实现课程对于海派文化的建设与传承,同时促进学生文化自觉的形成与民族文化认同感的提升。海派文化作为课程资源的选择可以从以下几个方面考虑:

---

① 吴刚平.课程资源的理论构想[J].教育研究,2001(09):59—63+71.
② 施良方.课程理论——课程的基础、原理与问题[M].2020:98.

一是具有海派文化传播价值和教学价值：文化资源本身具有的一定文化价值是其成为课程资源的基础条件之一，海派文化作为学校课程开发的文化资源便具备了一定的文化价值，如可以让学生了解、弘扬和传承上海的文化，对本地区文化产生一种文化认同感和自豪感，建立起文化的自信心。文化资源不等于课程资源和教学资源，它需要符合教学规律和学科特性，而海派文化是否可以作为课程资源，两者之间转换的关键在于其是否具有课程教学的价值。

二是与学生和学校教育的特点相适应：课程内容是为特定教育阶段的学生而选择的，如果能够注意到学生的兴趣、需求和能力，并尽可能与之相适应，将不仅有助于学生更好地掌握科学文化知识，而且还有助于他们对学校学习形成良好的态度。因此，课程内容的选择要充分考虑学生的心理特点、认知特点及已有的学习经验，才能保证课程内容的有效性。

三是兼具海派文化典型性与多元性特征：典型性就是既要代表上海的特色也要凸显出海派文化的独特，贵在精而不在多。针对分散且不系统的课程资源，在筛选时要进行甄别与过滤，从而选择出具有代表性的典型资源。同时因为课时的限制，所以要用多元性的方针来指导课程内容的选择，让学生尽可能多的接触到不同于海派文化的地域文化，开阔学生视野，帮助学生认清自己感兴趣的事物。

二、从办学理念到课程愿景到课程结构

（一）办学理念转化为学校课程的路径

1. 办学理念与学校课程的关系

学校的办学理念引导着校内全体成员的一切活动，包括教师的教学活动，学生的学习活动以及学校其他人员的工作活动，也影响着学校环境、学校制度等。办学理念是学校长期发展历程中积淀而成的。在学校

创立之初,学校文化的各项要素及特征也随时开始萌发,并在学校的诸多重大历史事件中得到进一步发展。随着时间推移,最终逐渐成为学校全体、成员共同拥有的稳定的价值观念。因此,办学理念和学校文化因每所学校的发展历程不同而彼此相异。

与此相似,学校课程也必然具有学校自身特点。学校课程即学校所提供的一切有助于学生发展的机会;并按照当前国家对课程的管理制度,将学校课程分为国家课程、地方课程的校本化实施和学校课程的自主开发。

首先校本课程是在结合了学校传统优势及办学理念的基础上,利用学校或社区的课程资源而开发和选用的课程;是在学校价值观念及学校教育理念的指引下完成开发与实施的。因此,可以说校本课程是学校自身特色最突出的表现,是学校办学理念最直接的体现。

另外国家课程和地方课程的实施也同样具备学校自身特色。因为这些课程在学校的编排、实施过程中必然会经过学校教师的校本化改造和再开发,而教师的价值观念也势必受到学校教育理念的影响。因此,教师对课程的理解也不可避免地会烙上学校特有的痕迹。同时教师对国家课程和地方课程的不同解读也带来了教师对课程的重构。教师根据自身对课程的理解,围绕课程标准这个核心,对体现课标的教材展开重构。进入课堂实际实施环节后,学校课程呈现出教师、学生、教材及教学环境等多方面因素间持续交互作用的动态结果。

2. 办学理念转化为学校课程的基本程序

学校课程建设并不简单地指校本课程开发、校本教材编写等,而是指学校课程体系的构建,是实现学校自身教育目的的一项系统工程。这个过程是以学校自身为主体而进行的,需要经历如下四个基本程序①:

第一,校情分析

首先要以国家的培养目标为基础,在此基础上,学校需要对本校师生

———————————
① 基础教育课程改革纲要(试行)[J].人民教育.2001.09:06.

需求、学校所拥有的教育资源以及教育环境等进行必要的分析调查。这样做目的就是依据学校全体成员已有的思想传统、价值观念,重新建构确立学校独特的、适应新课程改革要求的教育思想及办学理念,并以全新的办学理念作为学校课程建设的宗旨。

第二,确定目标和计划

在经过校情分析,确立了全新的学校教育思想及办学理念后,学校课程建设者需要以这种办学理念作为核心来建构学校课程体系,并落实到课程目标、课程计划的各个方面,包括课程总目标、课程结构、课程内容等。

第三,组织实施

学校课程建设还需要依据学校教育理念制定具体的组织计划,包括活动顺序、时间安排、班级规模、资源配置等。同时更需要有能充分体现教育理念的特色教学使学校课程建设付诸实践。

第四、评价与完善

学校课程评价机制的建立也非常重要。学校对教师的评价以及教师对学生的评价都需要从学校教育理念出发,探索更加行之有效的评价方式。学校、教师需要不断反思课程实施成效,并适当作出调整,从而推动学校课程不断完善。

可以看到,学校的教育哲学、办学理念、教育价值观等因素,是影响学校课程建设最深层次的因素,只有根植于办学理念的学校课程建设才能够真正做到有方向、有内涵、有特色,才能够真正推动新课程改革的不断深入。

3. 办学理念转化为学校课程的基本原则

根据《基础教育课程改革纲要(试行)》在课程结构、课程标准、课程评价、教学过程、教材开发管理以及教师培养方面的要求,基于办学理念的学校课程建设应遵循以下几项原则:

一是目标导向原则。首先学校课程必将将国家确立的教育目标作为其行动导向与准则。但与此同时,也要结合学校自身特点,遵从学校核心教育价值观,从学校文化出发,将凸显学校特色的特殊培养目标、课程目标与国家、地方教育的一般目标相结合,从而减少学校课程建设过程中的随意性,增强科学性。在这种目标导向的指引下,既能够满足国家对基础教育的基本要求,又可以体现学校教育理念的独特性、针对性和多样性。

二是协调性原则。学校课程建设必须谋求国家、地方、校本三级课程之间的协调一致性,以防止三级课程间发生简单重复或随意加深拓展,避免学校课程体系的混乱。同时由于行动的方向只有与目标相一致,才能够收到最好的效果,因此也要保证学校课程建设与学校核心教育价值观间的统一协调性,在学校课程的内容选择、规划安排中充分地体现其先进的学校文化。

三是整合性原则。国家课程、地方课程的校本化实施和学校课程的自主开发都要关注学生原有生活经验和学习经验,使学生能够对原有知识融会贯通、综合应用。同时更需要将国家课程、地方课程校本化,将校本课程开发深入化。以学生的成长需求为本位,以学校办学理念为核心,进行学校课程建设不仅需要确保学校课程的系统性,更需要注重学校课程内容、编排等与学生原有认知结构的整合性。

四是个性化原则。学校课程建设要以具体学校和具体学生的独特性与差异性为出发点和归宿,应体现学校课程的个性化特征,根据不同的社区环境与课程资源等来构建学校课程建设不同的基础和原点。这就要求学校一切都从其具体情况出发,依据学校特有的教育理念,结合每一个学生发展的差异性,来完成学校课程建设,为学生提供全面的学习机会,让学生按照自己的兴趣和需求进行课程选择与学习,最终形成独具学校特色的课程体系。

五是适宜性原则。学校课程建设应因地制宜、循序渐进、量力而行。每所学校的办学模式、办学条件等不同,因此在进行课程建设时,学校首先要正确评估自身物质基础、师资水平,摸清自己的优势与劣势,积极调整、深入挖掘,以保证学校课程建设的质量。同时,要对学校所处地区的民风民俗、优秀的传统文化及先进的地域文化进行深入分析,在确保学校文化与当地文化相适宜的基础上,更需注重学校课程与学校文化、地区文化的适宜性,这样的学校课程内容编排才更易于学生接受掌握,进而更有利于学校教育理念的实现,学校教育目标的达成。

4. 办学理念转化为学校课程的具体内容

《基础教育课程改革刚要(试行)》中规定实行国家、地方和学校三级课程管理。由教育部总体规划基础教育课程,确定国家课程的门类课时;省级教育行政部门依据国家课程管理政策和本地实际情况,制定实施国家课程的计划,规划地方课程;学校在执行国家课程与地方课程的同时,结合自身传统优势等,开发选用适合本校的课程。[①] 基于对学校课程内涵的理解,学校课程建设的主要内容应包括以下几个方面:

(1) 国家课程和地方课程的校本化实施

基于办学理念的学校课程建设所要做的工作不仅仅是对国家课程、地方课程的执行,而且需要将学校已经确立的办学理念作为指导核心,使国家课程、地方课程实现校本化。以办学理念为基础,紧紧围绕办学理念这一核心来进行教材处理、课程整合、教法运用及学生评价等活动就是学校课程建设的重要内容之一。

国家课程和地方课程的校本化实施具有重要意义:首先大大提高了国家课程、地方课程在不同学校的适应性,更好地满足不同学校学生的不同需求,更好地促进学生发展;同时有利于学校形成自己的办学特色,提高教师的专业能力,促进教师专业化发展。

(2) 校本课程的自主开发

校本课程是与国家三级课程管理制度相适应的基础教育新课程体系中一个重要组成部分。它是以办学理念为核心,以学校资源为基础而本土生成的,既能够突出学校教育理念、满足学生特别需求以及体现本校资

---

① 基础教育课程改革纲要(试行)[J].人民教育.2001.09:06.

源优势,又能与国家课程、地方课程紧密结合。这反映了校本课程的三个基本属性:关联性、校本性和可选择性。[①]

校本课程的关联性是指学校课程建设中,围绕学校文化而展开的校本课程开发与国家课程、地方课程校本化之间具有相互依存、相互制约的关系,并与之形成一个系统的有机整体。

校本课程的校本性是指校本课程必须植根于办学理念、依靠学校资源、服务学校师生需求。首先校本课程的生成要以学校的教育理念为依据,将课程的根基植入深厚的学校文化沃土;其次校本课程的发展要依靠学校资源,校长领导、教师智慧、学生感情、优良传统等都为校本课程的发展提供养分;最后校本课程服务于学校师生的特别需求,为体现学校办学特色而服务,为促进教师专业发展而服务,为满足学生身心发展需求而服务。

校本课程的可选择性是指由于生成过程而造成的多样性为学生提供了自主选择的可能。要充分发展学生个性,就需要为学生提供能够满足其发展需求的课程选择权。与国家课程、地方课程相比较而言,校本课程在一定程度上弥补了前两者对学生课程自主选择权的限制,为学生个性化发展提供可能性。

(3)特色教学体系的建立

在学校课程建设中,如果教师缺少对办学理念和学校文化的深层认同与理解,就很难使学校的教育理念得到充分体现,学校课程的总目标也就很难得以实现。因此,需要将学校的课堂教学过程与办学理念及整个学校课程体系紧密联系在一起,紧紧围绕学校教育理念的精髓来进行特色教学的建设。这样,既保证了教学活动的内容、形式的多样性,同时又由学校教育理念引导教学过程,形成学校自己的特色教学体系,才能最终将学校课程体系落到实处,让教师通过每一堂课来渗透学校文化、体现学

---

① 廖哲勋.关于校本课程开发的理论思考[J].课程.教材.教法,2004(08):11—18.

校教育理念。

（二）平阳小学的办学理念与课程架构

1. 学校基本情况

闵行区平阳小学创办于 1998 年,是一所闵行区教育综合办学水平 A1 的公办小学。近年来,学校以"追求平实的育人品质;营造阳光的育人环境"为办学宗旨,围绕"做阳光教师,享受教育幸福;做阳光学生,体验成功快乐"的培养目标,初步构建了以"海派文化"为载体的校园文化建设体系;逐步凸显了以"小手球"为主体的学校体育文化特色。随着教育科研与实践的深入开展,学校确立了"平实·阳光"的办学思想,并形成了能够推进学校整体发展的运行机制,保证了学校长期稳定的持续发展。学校参与了多项关于海派文化教育和学校课程建设的课题研究,提出了全新的课程观念,对基础课程、拓展课程、探究课程做出了优化与有机统一。

2. 确立学校课程建设目标

学校的课程目标是指学校在国家教育政策的引导下,为实现国家基本教育目的,以及学校自身教育理想而制定的目的要求。确立课程目标,不仅有助于明确课程与教育目的的衔接关系,从而明确课程编制工作的方向,而且有助于课程内容的选择和组织,课程目标可以作为课程实施的依据和课程评价的准则。

《基础教育课程改革纲要(试行)》中提出,我国基础教育新课程的培养目标是:使学生具有爱国主义、集体主义精神,热爱社会主义,继承和发扬中华民族的优秀传统和革命传统;具有社会主义民主法制意识,遵守国家法律和社会公德;逐步形成正确的世界观、人生观、价值观;具有社会责任感,努力为人民服务;具有初步的创新精神、实践能力、科学和人文素养以及环境意识;具有适应终身学习的基础知识、基本技能和方法;具有健壮的体魄和良好的心理素质,养成健康的审美情趣和生活方式,成为有理想、有道德、有文化、有纪律的一代新人。[①] 这一要求为课程改革指明了方向,也为学校培养目标的设定提供了依据。平阳小学应新课改要求,提出了如下培养目标:

充分开发上海本土文化显性、隐性两种资源,全方位构建"阳光课程"体系。本着"追求平实的育人品质、营造阳光的育人环境"的宗旨,使少年儿童在本民族、本地区文化精神的氛围中接受熏陶,进而感知中华文明的博大精深,培养民族自豪感和历史使命感,树立强烈的爱国意识和民族文化精神认同感。

学校培养目标的确立充分体现了新课改的目标要求。如对学生各方面素养的培养要求,就是对课程改革纲要中学生情怀、价值观、基本能力等要求的更具体、更深层次的表现。从以上学校确立的培养目标中,可以清晰地看到其学校文化的渗透与融入。整个学校课程建设将"平实与阳光"作为基点,紧紧围绕这一中心而展开。"培养民族自豪感和历史使命感""树立爱国意识和民族文化精神认同感"等内容都是其学校文化在学校课程建设目标中的充分体现。

3. 构建学校课程体系

学校课程建设的目标已经确立,要真正在教育教学活动中得到落实,还需要学校在遵守国家各项政策法规,符合国家和市、区对课程和教学的要求的前提下,围绕学校核心教育理念,做好学校课程的整体规划,构建学校课程体系。这一阶段工作的主要内容有两方面:国家课程、地方课程的校本化;学校课程的自主开发。

首先,国家课程和地方课程一般是在大方向和大框架上做出规定,是一种带有一定理想性的指导性文件。要使这种理想转化为学校中的教学活动,使国家课程和地方课程更适合学校和学生特点,就必须以国家课程改革思路为指导,结合学校核心教育理念及办学特色,对其进行校本化

---

① 基础教育课程改革纲要(试行)[J].人民教育.2001.09:06.

改造。

平阳小学结合"平实·阳光"的办学理念,对"阳光课程"体系进行了分类,包括基础课程、拓展课程和探究课程三类,国家课程和地方课程就成为基础课程的主要内容,为学校发展提供"基本口粮",为学生发展提供基础知识、基本技能以及正确的核心价值观。平阳小学以此为出发点,尊重学科教学规律和学生身心发展规律,以落实新课标精神为己任,努力在各学科教学中凸显阳光教育内容,从而全面、整体推进学校所有学科课程建设,促进德育、智育、体育、美育有机融合,提高学生的综合素质。

其次,进行学校课程自主开发。课程内容是实现课程目标的有效载体,对课程内容的组织和构建,不仅仅需要技术层面的支持,同时也是课程价值观的直接反映。因此学校课程自主开发最能够体现学校的办学特色,突显学校的教育理念。

根据学校课程目标,学校课程设置全面贯彻"平实·阳光"的办学理念,一切都为"平实·阳光"小公民综合素养的养成服务。阳光课程体系的设置严格遵守国家各项政策法规和上海市对课程和教学的要求,确保在国家和地方课程有效实施的前提下,兼顾国家和地方课程的创新。结合对海派文化教育的思考和实践,将学校特色课程与海派文化相结合,建设了"拓展课程"和"探究课程"两大板块。

其中,"拓展课程"包括自主拓展课程和年段成长课程。自主拓展课程是学生根据自身兴趣特长所在可以自行选择的兴趣类课程,共有"智慧小博士""艺术小新星""运动小高手""制作小行家"等八门课程供学生选择;年段成长课程是依据不同年龄段学生特点专门组织实施的拓展课程,如一年级开设围棋和手球,二年级开设童谣和手球,三年级开设游泳和手球,四年级开设戏剧英语和篮球,五年级开设海派木创和篮球。

"探究课程"包括综合活动课程和实践体验课程。综合活动课程是指低年段学生的主题式综合活动课程和中高年级的项目化学习;实践体验课程是通过校外亲子 Walking 开展的活动课程,如"亲自然之旅""乐生活之旅""访城厢之旅""探民俗之旅""品时尚之旅"等。

以上两个板块相互作用，形成了学校阳光课程体系（详见图一）。

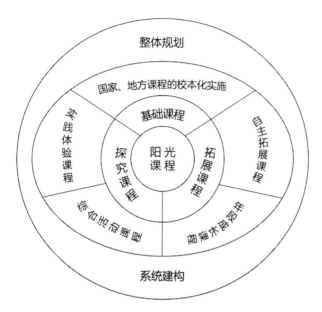

图1　平阳小学"阳光课程"架构图

　　国家课程、地方课程校本化与学校特色课程结合在一起，就构成了平阳小学的课程体系。在学校课程体系的建构中，平阳小学采用了"自下而上"与"自上而下"相结合的方式，将学校办学理念与学校课程紧密融合在一起，为学校课程体系的框架内注入了海派文化的血液。所谓的"自下而上"是指先从基层实践做起，对学校课程进行整理。平阳小学首先对学校已有课程进行全面梳理，依据学校在发展中确立的"平实·阳光"的教育理念，对课程进行尽可能详尽的分类，在保证国家规定基础课程的前提下，保留与既定学校理念相贴合的课程，剔除不相吻合、陈旧过时的课程。所谓"自上而下"是指从高层理念抓起，分析理念要求。平阳小学对学校教育理念进行深入分析，将"平实·阳光"的内涵解读为公平性、发展性、包容性、多样性和创生性五个方面，并以此展开了各类课程开发。这种"自下而上"和"自上而下"相结合的艺术便构建出了平阳小学的阳光课程体系。

　　从以上平阳小学课程体系的建构过程中我们可以发现，无论是国家课程、地方课程校本化，还是学校特色课程的建设，都紧紧围绕着"平实·

阳光"的教育理念来开展,充分展现了学校"海派文化教育"的办学特色,同时在课程设置上,也紧紧与学校制定的纲领性课程目标及具体的培养目标相贴合,为目标的达成提供了最基本的内容保障。

三、平阳小学三类课程中海派文化资源的融入方式

学校对学生的一切教育活动都是通过课程这个载体来完成的。随着课程改革的深入推进,改革创新、努力构建校本的课程体系,赋予了学校针对自身特点对国家和地方课程在许可权范围内进行补充、发展、提升的职责与权利。2005年,随着《上海市普通中小学课程方案》的颁布与相关措施的逐步制定与落实,上海课程建设的重心已经由宏观策划、专家设计开始转向学校的实施与操作。体现学校办学个性化的校本课程研发已经成为课程改革的一项重大举措。开展学校校本课程研发、三类课程建构不仅可以让学校在课程的研究过程中逐步走向"校本",也是本着"人本"的理念为师生们提供原创性的教育资源与生成性的发展空间。

学校的课程建设必须立足于学校实情与学生差异,对学生所学的现有课程内容进行补充、拓展与延伸,以达到促进学生个性化与社会化和谐发展的终极目标。自2005年9月起,平阳小学不断树立课程是为学生提供学习经历并获得学习经验的新课程理念,开展学校三类课程的整体规划与建构。依托"海派文化"教育资源,开展学校课程的自主开发,积极构建以学生发展为本、具有时代特征、上海特点和学校特色的学校三类课程。为教师智慧的生成和能力的展现搭建平台;为学生多元的体验和自主的发展提供可能。

(一) 开发海派文化资源

作为一座城市,上海的历史并不悠久。回顾这700多年的历程,眼中

看到的是翻天覆地的变化;耳中听到的是如雷贯耳的名字;口中传诵的是荡气回肠的故事;心中留存的是美好甜蜜的回忆。这城市前进的步伐、名士留下的足迹、感人肺腑的事迹、岁月沉淀的美丽都是丰富而生动的教育素材。棚户区、滚地龙、亭子间、老虎灶……这些往日历历在目的生活场景;落雨喽,打烊喽,摇啊摇,摇到外婆桥,笃笃笃,卖糖粥……这些昔日口口相传的儿歌童谣;打弹子、刮刮片、滚铁圈、跳皮筋、叠糖纸、粘知了……这些昨日人人喜爱的弄堂游戏。这些上海独特的本土文化资源无不展现着上海风情,渗透着本土文化,蕴藏着人文亲情。

学校全方位开发上海本土文化教育资源,弘扬本民族、本地区优秀的传统文化、传统精神,给予全体师生正面的、积极的暗示和熏陶。使教育资源在提炼中闪耀,让学生了解上海的历史,感悟上海的变化,从而培养学生热爱上海的情感,激励学生建设上海的愿望。通过使青少年在本民族、本地区文化精神的氛围中接受熏陶,进而接受、感知中华文明的博大精深和源远流长,培养青少年的民族自豪感和历史使命感,树立强烈的爱国意识和民族文化精神认同感。

学校致力于以上海本土文化资源为载体开展学校课程建设,深入挖掘上海本土文化教育资源,从"本土历史、本土风俗、地方语言、地方剧种、地方特色、城市变迁、文化变迁"七个维度开展课程资源建设,构建了"海上七彩风"教育资源内容体系。

海上——隐喻上海,及更深邃的概念:即对于上海"海纳百川、艰苦奋斗、敢为人先、追求卓越"城市精神内涵的理解。

七彩——比喻了多元文化的融合。也代表了本土文化资源开发的七个维度:本土历史、本土风俗、地方语言、地方剧种、地方特色、城市变迁、文化变迁。

风——代表了上海城市的特点:领时代之先,具备时尚与传统融汇贯通独特风情的时尚之都。

构建"海上七彩风"内容资源体系结构图

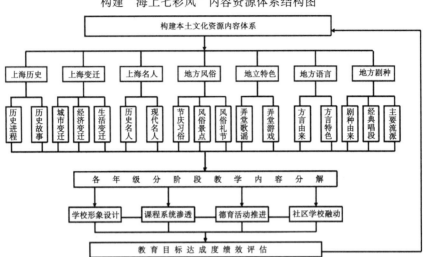

（二）海派文化资源融入三类课程

新课程形成了"基础型课程"、"拓展型课程"和"研究型课程"为主干的课程结构，三类课程分别体现了不同的功能与价值。学校采取基础型课程渗透式融入、拓展型课程综合式融入与探究型课程独创式融合的不同实施策略，将海派文化资源融入学校三类课程。依托学校三类课程的实施，引领学生了解上海历史，体验海派内涵，感悟上海变化，培养学生"爱我学校、爱我社区、爱我上海、爱我中华"的情感，激发学生争当"今日上海合格小公民，明日上海文明新市民"的愿望。

1. 基础型课程的渗透式融入

教育是动态的，要让海派文化资源渗透入基础型课程的日常教学，就要找到国家课程、地方课程校本化实施的适切"融入点"。海派文化资源基础型课程的教学渗透，需要回答两个问题：其一，在基础型课程各个学科的教材内容中，哪些内容是蕴含着海派文化资源的，能够挖掘教材内容开展海派文化资源教学渗透。其二，基础型课程各个学科教学过程中,哪些环节是有可能嵌入海派文化资源的,能够将海派资源融入基础型课程教学内。因而,在基础型课程渗透式融入的过程中,平阳小学以"课程资源"为渗透式融入的"承载体";以"海派资源"为渗透式融入的"切入口"。采取"课程挖掘资源"与"资源融入课程"的方式有机渗透海派文化资源。首先,在学科教学中寻找海派"生长点"。学校在基础型课程学科教学现有内容中,挖掘教学内容与海派文化资源直接关联的可能。通过学科教研活动,引领教师就小学阶段各学科十册教材内容开展梳理,在"内容"对"内容"层面补充"海派文化资源"相关学习内容,作为学科教学中海派文化资源渗透的结合点。再者,在资源渗透中寻找课程"嵌入点"。学校依据学科教学特性与学生年龄特征,结合基础型课程教学内容在不同年级寻找海派文化教育资源的学科"渗入点",以海派文化教育资源充实基础型课程教学内容。在学校语文、道法、音乐、美术、体育等学科中穿插上海历史、上海名人、上海变迁、地方特色、地方风俗、地方剧种等知识的教学渗透。

2. 拓展型课程的综合式融入

新课程环境下的教学是教师与学生、学生与学生交往互动、共同发展的教学过程,也是教师创造性执行课程的过程。平阳小学依托学校课程的自主开发,具化学校"海上七彩风"教育资源内容体系,开发了以"认识上海篇"、"传唱上海篇"、"品味上海篇"为课程框架的校本课程《海上七彩风》。

学校校本课程《海上七彩风》的开发为学校拓展型课程的建设提供了文本材料,但是要让校本课程真正成为学校的课程特色,还需要进行整体的思考与框架的建设。在学校拓展型课程的建设中,一方面学校激活了静态信息资源,确定了《海上七彩风》特色拓展型课程的年段实施目标;另一方面通过限定拓展型课程与自主拓展型课程双渠道开展学校拓展型课程海派文化资源的综合式融入。构建以学生发展为本、具备学校特色的学校拓展型课程体系,使课程成为师生资源共享的桥梁和纽带。

（1）限定拓展型课程渗透

限定拓展 课 程	课程内容	具体说明
班 会	主题活动	开展每两个月一次的主题活动体验，渗透"海上七彩风"教育资源内容体系地方风俗、地方特色内容。
午 会	"侬好，上海"广播	每两周开展 20 分钟"侬好，上海"专题广播，渗透"海上七彩风"教育资源内容体系地方语言（上海方言）内容。
	认识上海	每周五开展《海上七彩风》校本课程"认识上海"版块的分年段教学。

（2）自主拓展型课程建构

学校立足于学生共性发展需求与学生个性成长诉求，引导教师自主创新、学生自主选择。以"制作小巧手""艺术小新星""智慧小博士""民俗小卫士""运动小高手""快乐小当家"主题版块为横向架构；以学校"海上七彩风"特色课程为纵向支撑，开设了多元、多样、多向的学校自主拓展型序列课程。

年级	年段目标	科目	主题版块	学习领域	所属科目
一	低年级立足于培养兴趣、增加见闻。以学生津津乐道的"童谣""游戏"为载体，学唱上海传统童谣，学玩本土弄堂游戏，学说方言日常用语。提高感知度，增强城市归属感。	童 谣	艺术小新星	艺术	活动类
		弄堂游戏	运动小高手	体育	活动类
二		童 谣	艺术小新星	艺术	活动类
		弄堂游戏	运动小高手	体育	活动类
		抖空竹	运动小高手	体育	活动类
三	中年级立足于知行合一、体验内涵。在"玩""唱"的基础上，融入"动手操作""实践感悟"。了解城市发展、地方方言、地方剧种的发展史，体验"海派"包容内涵。提高认知度，增强城市认同感。	沪 剧	民俗小卫士	艺术	活动类
		抖空竹	运动小高手	体育	活动类
		童趣篆刻	制作小巧手	人文	活动类
		影视表演	艺术小新星	艺术	活动类
		刻 纸	民俗小卫士	劳技	活动类

续　表

年 级	年段目标	科 目	主题版块	学习领域	所属科目
四	高年级立足于自主拓展、深化感悟。积极拓展课程的外显承载形式:在玩一玩、唱一唱、拍一拍、刻一刻、做一做的基础上,开展游一游、画一画、写一写、颂一颂等自主性、创造性的活动。自制道具玩游戏;与父母一起创编新童谣;寻找上海人的陋习;了解上海城市生态和上海人环保意识的变化……提高探知度,增强城市责任感。	沪　剧	民俗小卫士	艺术	活动类
		串　珠	民俗小卫士	劳技	活动类
		手　球	运动小高手	体育	活动类
		模型制作	制作小巧手	科技	活动类
		童趣篆刻	制作小巧手	人文	活动类
		影视表演	艺术小新星	艺术	活动类
		刻　纸	民俗小卫士	劳技	活动类
五		沪　剧	民俗小卫士	艺术	活动类
		串　珠	民俗小卫士	劳技	活动类
		手　球	运动小高手	体育	活动类
		模型制作	制作小巧手	科技	活动类
		影视表演	艺术小新星	艺术	活动类
		摄　影	智慧小博士	人文	活动类

3. 探究型课程的独创式融合

在基础型课程、拓展型课程渗透如火如荼开展的同时,探究型课程的海派文化课程学习缺少"着力点"。基于为学校探究型课程学习开发适合于学生的"海派"读本的思考,学校以上海旅游景点的"小小门票"为切入口,开发了第二本"海派文化"系列课程《小门票大上海》。以课程自主研发为独创式融合方式,将"海上七彩风"教育资源内容体系与学校探究型课程教学紧密融合。让海派文化资源为学校探究型课程注入活力,让探究型课程为海派文化资源提供土壤。

《小门票大上海》以不起眼、普普通通的"小小门票"为探究引擎,将"小门票"作为探究性学习的资源。"小门票"是上海发展的见证,是家乡变化的缩影,它能够让学生在方寸之间对自己的家乡——上海,有一个比较全面而深入的直观了解,在家乡的历史遗迹、公园,以及建筑中欣赏许许多多流传不息的脍炙人口的故事和学习民俗文化知识。教材文本立足于学生的自主探究,以"小博士"、"小导游"等六位主题人物引领学生"借门票,识上海"。

《小门票大上海》课程实施于学校探究型课程,开展每周一次的主题探究。同时《小门票大上海》也为学校开展两纲教育提供了看得见、摸得着的生动具体的好素材。学校将课程的实施与学校学生工作紧密结合,通过主题探究活动、假日小队活动、亲子实践活动引领学生到"门票"实地去游览观赏。以门票的观赏、收集引导学生积极地探寻、主动地发现。让"小八腊子"结合"游"的经历,在收集一张张门票的同时,"拍"、"写"、"画"、"刻"、"颂"……,坐着"魔力小门票"去游"魅力大上海"。

参考文献:

[1] [美]拉尔夫·泰勒著. 施良方译. 课程与教学的基本原理[M]. 北京:人民教育出版社,1994.

[2] 施良方. 课程理论——课程的基础、原理与问题[M]. 2020.

[3] 余清臣. 卢元锴. 学校文化学[M]. 北京:北京师范大学出版社. 2010.

[4] 陈月明丹. 多元文化教育视野下的校本课程研究[D]. 云南师范大学,2004.

[5] 王海燕. 地域文化与课程[D]. 华东师范大学,2003.

[6] 袁妙丽. 海派文化校本课程开发研究[D]. 上海师范大学,2012.

[7] 乐黛云. 文化自觉与中西文化会通[J]. 河北学刊,2008(01):185—189.

[8] 廖哲勋. 关于校本课程开发的理论思考[J]. 课程. 教材. 教法,2004(08):11—18.

[9] 刘启迪. 论我国课程文化建设的走向[J]. 湖南师范大学教育科学学报,2018,17(06):66—71.

[10] 刘正伟,李品. 论基于地方文化的校本课程开发[J]. 教育发展研究,2006(17):14—17.

[11] 吕达,刘捷. 课程发展、教师专业发展与学校更新——第七届两岸三地课程理论研讨会综述[J]. 课程. 教材. 教法,2005(06):4—9.

[12] 启瑄. 提升文化自觉 增强文化自信 实现文化自强[J]. 新湘评论,2012(07):11—15.

［13］王彬,向茂甫.课程文化——从工具论到本体论的认识[J].内蒙古师范大学学报(教育科学版),2004(04):8—10.

［14］吴刚平.课程资源的理论构想[J].教育研究,2001(09):59—63＋71.

［15］吴也显.学校课程和文化传播[J].课程.教材.教法,1991(03):10—15.

［16］杨小微.长江文化共识下学校文化建设的思路探寻[J].教育发展研究,2012,32(08):1—6.

［17］杨小微,张良.学校文化建设的思与行[J].人民教育,2013(Z1):23—26.

［18］张凤琦."地域文化"概念及其研究路径探析[J].浙江社会科学,2008(04):63—66.

［19］基础教育课程改革纲要(试行)[J].人民教育.2001.09:06.

第三章

海上生明月：平阳课程起步

进入新世纪，新课程改革应运而生。2005 年 2 月，正是各校纷纷兴起校园文化建设、校本课程开发热潮的时候。学校的校本课程应当基于学校主动谋求发展的理性思考，符合学校校情与生情。我校位于的古美社区是一个人口导入区，家庭背景各异、教育需求多样的生源状况，为学校教育带来了困难与挑战。立足从本土中、从校情中孕育文化发端的思考，我校致力于以上海本土文化资源为载体开展学校课程建设。乘着新课程改革的东风，依托"海派文化"校园文化建设，2005 年 9 月，我校成立了上海本土文化校本课程开发小组，着手编写学校系列校本课程。积极提升课程校本研发能力，为学校的特色形成和魅力展现搭建平台，为师生的多元体验和自主发展提供可能。

一、"海上七彩风"课程起步

我校地处中环以外，外环以内，隶属于古美街道。随着城市建设的进程，学校生源数量不断增加，生源架构也逐步趋向多元化。学生背景的复杂、条件的参差给学校德育工作带来了新的课题。上海，是我们居住的城市,是我们美丽的家园。怀着浓浓"乡情"的我们却发现,祖祖辈辈生长在上海的孩子们、随着父母生活在上海的孩子们,对于自己生活城市的历史、人文、风俗、语言等知之甚少。因此依托"以人为本"的教育理念与我校独特的地理环境,我们选择了将开发上海本土文化教育资源、传承城市的海派精神作为提升学校文化品质的"切入口"。将本土文化摆放到中华传统文化的绵延赓续、民族精神的培育的天平上去重新衡量。立足于本土文化资源的开发、重建、培育与弘扬,使之形成一种自我生存的能力,增强自身的造血功能,得以真正传承和延续。

(一) 建构"海上七彩风"教育资源

作为一座城市,上海的历史并不悠久。回顾这短短的 700 多年历程,眼中看到的是翻天覆地的变化;耳中听到的是如雷贯耳的名字;口中传诵的是荡气回肠的故事;心中留存的是美好甜蜜的回忆。这城市前进的步伐、名士留下的足迹、感人肺腑的事迹、岁月沉淀的美丽都是丰富而生动的教育素材。"棚户区""滚地龙""亭子间""老虎灶"……这些往日历历在目的生活场景;"落雨喽,打烊喽""摇啊摇,摇到外婆桥""笃笃笃,卖糖粥"……这些昔日口口相传的儿歌童谣;打弹子、刮刮片、滚铁圈、跳皮筋、叠糖纸、粘知了……这些昨日人人喜爱的弄堂游戏。无不展现着上海风情、渗透着本土文化、蕴藏着人文亲情。

学校致力于以上海本土文化资源为载体开展学校课程建设,充分解读海派文化内涵,将"海纳百川、敢为人先、艰苦奋斗、追求卓越"的"海派"城市精神融入学校"悦纳·融合"的校园文化。深入挖掘上海本土文化教育资源,从"本土历史、本土风俗、地方语言、地方剧种、地方特色、城市变迁、文化变迁"七个维度开展课程资源建设,构建"海上七彩风"教育资源内容体系。

海上——隐喻上海,及更深邃的概念:即对于上海"海纳百川、艰苦奋斗、敢为人先、追求卓越"城市精神内涵的理解。

七彩——比喻了多元文化的融合。也代表了本土文化资源开发的七个维度：本土历史、本土风俗、地方语言、地方剧种、地方特色、城市变迁、文化变迁。

风——代表了上海城市的特点：领时代之先，具备时尚与传统融汇贯通独特风情的时尚之都。

引领学生了解上海的历史，感悟上海的变化，既而培养学生热爱上海的情感，激励学生建设上海的愿望。使青少年在本民族、本地区文化精神的氛围中接受熏陶，并进而接受、感知中华文明的博大精深和源远流长，培养青少年的民族自豪感和历史使命感，树立强烈的爱国意识和民族文化精神认同感。

（二）"海派文化"系列校本课程的开发与实施

在充分挖掘课程资源，构建"海上七彩风"课程内容资源体系的基础上，学校激活静态的信息资源，具化"海上七彩风"教育资源内容体系，着手编写学校"海派文化"系列校本课程。具有学校个性的本土文化教本《海上七彩风》《小门票大上海》《小八腊子玩手球》的相继开发与出版，为师生们提供了原创性的教育资源与生成性的学习时空，使学校在课程研究的过程中走向了"校本"。

1．"海派文化"系列校本课程之一：《海上七彩风》

《海上七彩风》是学校立足"海上七彩风"课程内容资源体系开发的第一本校本课程。其课程规划见图 3－1

《海上七彩风》课程文本通过古今两条线路的并行穿插设计，介绍上海的历史、突出上海的变化。课程以"认识上海篇"、"传唱上海篇"、"品味上海篇"为横向架构；"吃在上海"、"行在上海"、"住在上海"、"美在上海"、"乐在上海"为纵向递进。低年级立足于培养兴趣、增加见闻；中年级立足于了解历史、体验内涵；高年级立足于自主拓展、深化感悟。通过分年级、

《海上七彩风》校本课程规划表				
年级 项目	认识上海篇	传唱上海篇		品味上海篇
一年级	"吃"在上海	学讲上海方言	学说童谣	学玩上海"弄堂游戏"
二年级	"行"在上海	学讲上海方言	学说童谣	学玩上海"弄堂游戏"
三年级	"住"在上海	学讲上海方言	学唱沪剧	学割上海"风土人情"
四年级	"美"在上海	学讲上海方言	学唱沪剧	学割上海"风土人情"
五年级	"彩"在上海	学讲上海方言	学唱沪剧	学拍上海"旧貌新颜"

图 3-1 《海上七彩风》校本课程规划

分学段系统的课程学习培养学生热爱上海的情感,激励学生建设上海的愿望。(详见表 3-1)

表 3-1 《海上七彩风》各年级分阶段目标

内容 / 年级	上海历史	上海变迁	上海名人	地方风俗	地方特色	地方语言	地方剧种
一年级	以"吃在上海"为主题,认识上海的传统小吃及其发展史。	以"篮子变重了"为主题,了解上海人"菜篮子"生活的变化。	知晓上海的现代名人和主要生平。	了解上海的标志风俗景点——城隍庙以及其主要特产。	学唱上海传统童谣,学玩弄堂传统游戏,增强城市归属感。	学会用方言说礼貌用语。	
二年级	以"行在上海"为主题,认识上海的知名路段、知名桥梁及其发展史。	以"马路变宽了"为主题,了解上海城市交通和上海人出行方式的变化。	知晓上海的近代名人和主要生平。	了解上海的各个风俗景点和相关的故事、传说、特产。	学唱上海传统童谣,学玩弄堂传统游戏,了解祖辈、父辈的童年生活。	学会用方言说一定数量的生活用语。	
三年级	以"住在上海"为主题,认识上海的开埠历史、发展历史、知名建筑。	以"楼房变高了"为主题,了解上海城市建设和上海人住房水平的变化。	知晓上海的历史名人和主要生平。	了解上海各大节庆习俗,以及这些习俗的由来。	游戏玩出门道来,与教师一起创编新童谣。	学方言并了解上海方言的发展史,体验上海方言的包容性。	了解上海的地方剧种和它的发展史,欣赏经典唱段。
四年级	以"美在上海"为主题,认识上海的文化兼容、革命故事。	以"生活变美了"为主题,了解曾经在上海驻足的名人和曾经在上海留下的足迹。	知晓曾经在上海驻足的名人和曾经在上海留下的足迹。	了解上海的风俗礼节,以及上海的简称由来与市花含义。	自制道具玩游戏,与父母一起创编新童谣。	学方言并了解上海方言的特色项目——上海说唱。	了解沪剧的主要流派和代表人物,学唱经典唱段。

（续表）

年级＼内容	上海历史	上海变迁	上海名人	地方风俗	地方特色	地方语言	地方剧种
五年级	以"乐在上海"为主题，认识上海的经济发展、发展规划。	以"城市变绿了"为主题，了解上海城市生态和上海人环保意识的变化。	通过各种途径收集名人资料，名人故事，从中体会"海派"的精神品质。	了解上海人的生活习惯，寻找上海人的陋习。	游戏玩出新意来，与同学一起创编新童谣。	学方言并了解上海方言的特色项目——上海滑稽戏。	了解沪剧的唱腔特点，学唱经典唱段。

在《海上七彩风》课程教学实施过程中，我校采取的是基础型课程教学渗透（探究型、音乐课、美术课、体育课）与拓展型课程、研究型课程"三线并行"、"各有侧重"的实施方式。《海上七彩风》教本以拓展型课程为实施主渠道，在学校"制作小巧手""艺术小新星""智慧小博士""民俗小卫士""运动小高手""快乐小当家"自主拓展型课程"六大"版块横向架构的基础上建设"海上七彩风"特色拓展课程群。（详见表 3-2）

表 3-2 《海上七彩风》校本课程实施表

课程类型	实施宗旨	科目名称	具体说明
自主拓展型课程	以教师与学生为主体；教师自主设计、学生自主选择。立足于兴趣的拓展、视野的拓展、能力的拓展。	沪剧	学习沪剧唱段，品味上海地方剧种
		弄堂游戏	玩玩上海的弄堂游戏，回想先辈的童年时光
		手球	手球的基本知识教学，基本技能训练
		童趣篆刻	学习橡皮篆刻基础技巧，领略上海"风土人情"
		摄影	学习摄影技巧，拍摄上海"旧貌新颜"
		学唱童谣	学唱上海童谣，回味上海里弄风情
		模型制作	学习模型制作过程，开展主题建筑制作
		刻纸	学习刻纸基本技巧，品味父辈童年光阴
		串珠	学习串珠的基本手法，制作美观的作品
		抖空竹	学习空竹游戏技巧，传承民俗传统文化
基础型课程	结合相关教学内容进行学科渗透。	音乐	学唱上海"童谣"，体验海派文化风情
		美术	画画上海风土人情，规划上海的美好明天
		体育	玩玩上海弄堂游戏，传承本土传统文化
探究型课程	在学校午会课中穿插主题式的普及、全员学习。	"侬好，上海"广播	每两周开展一次"侬好，上海"的主题广播，教授上海方言
		认识上海	每周五开展《海上七彩风》校本课程"认识上海"版块的分年段教学。

2. "海派文化"系列校本课程之二:《小门票大上海》

《小门票大上海》是学校基于《海上七彩风》课程实践后,对"海派文化"课程的"再补充"。(其目录详见图3-1)在课程实践中,我们发现《海上七彩风》认知含量太高、实践性能不足,如果教师不对课程内容进行教学解读,课堂设计,学生无法开展自主学习与阅读。在基础型课程、拓展型课程如火如荼开展课程教学的同时,探究型课程的学习缺少"着力点"。基于为学校探究型课程学习开发适合于学生的"海派"读本的思考,学校总结前期课程开发经验,以上海旅游景点的"小小门票"为切入口,开发了第二本"海派文化"系列课程《小门票大上海》。

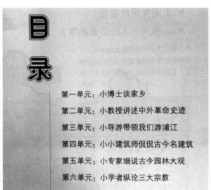

图3-2 《小门票大上海》教材目录

《小门票大上海》以不起眼、普普通通的"小小门票"为探究引擎,将"小门票"作为探究性学习的资源。教材文本立足于学生的自主探究,以"小博士"、"小导游"等六位主题人物引领学生"借门票,识上海"。"小门票"是上海发展的见证,是家乡变化的缩影,它能够让学生在方寸之间对自己的家乡——上海,有一个比较全面而深入的直观了解,在家乡的历史遗迹、公园,以及建筑中欣赏许许多多流传不息的脍炙人口的故事和学习民俗文化知识。

《小门票大上海》课程实施于学校探究型课程,开展每周一次的主题探究。同时《小门票大上海》也为学校开展两纲教育提供了看得见、摸得着的生动具体的好素材。学校将课程的实施与学校学生工作紧密结合，通过主题探究活动、假日小队活动、亲子实践活动引领学生到"门票"实地去游览观赏。以门票的观赏、收集引导学生积极地探寻、主动地发现。让"小八腊子"结合"游"的经历，在收集一张张门票的同时，"拍"、"写"、"画"、"刻"、"颂"……，坐着"魔力小门票"去游"魅力大上海"。

3."海派文化"系列校本课程之三：《小八腊子玩手球》

随着学校校本课程开展经验的累积，学校的第三本"海派文化"系列校本课程《小八腊子玩手球》应运而生。（见图 3-3）

《小八腊子玩手球》校本课程规划表

课程版块	版块内容	安排课时
童心识手球	介绍手球知识	4课时
童志学手球	系统介绍手球的基本技能技术	6课时
童声唱手球	介绍学校手球歌，教唱手球歌	1课时
童趣玩手球	介绍学校手球操、手球游戏	操（2课时）游戏（5课时）
童愿画手球	介绍学校手球画、作品	1课时
童梦圆手球	介绍学校手球节	1课时

图 3-3　《小八腊子玩手球》校本课程规划

2006 年 9 月，我校就开始致力于"小手球"特色项目的研究实施，扎实开展了开发"小手球"育人功能，丰富校园体育文化的途径与策略的研究。步入 2008 学年，我们在深入了解学生课程学习需求的基础上，在学校手球环境建设、手球队伍建设与手球活动建设积淀中，开展手球课程建设，从而填补项目空白。

童趣盎然的校本课程《小八腊了玩手球》以"手球伴我成长"为主旨，以"童心识手球、童志学手球、童声唱手球、童趣玩手球、童愿画手球、童梦圆手球"为课程框架，引领学生开展手球课程的系统学习。课程学习提供了适合学生手球专项学习的系统教材、童装文本，为学生提供了原创性的教育资源。

在课程实施过程中，我们健全组织、建立机制，明确了课程实施的原则：① 以"手球伴我成长"为主旨，以竞技体育项目课程化、儿童化、课堂化为指导思想,深入发掘课程的潜在教育价值。② 课程学习内容的选择与技能要求应将基础性、普及性作为准则。③ 在教学方法上,应结合学生生理、心理特点与年龄特征,设置学生喜闻乐见的教学方法与学习方式。④ 在课程背景下探索学业过程性评价体系,重"手球"运动育人功能的发挥,丰富体育学习成绩评价内容。

在课程推进策略上,我校坚持普及与提高相结合,全面推开与重点活动相结合的"双结合"推进措施。致力于将活动形式多样化、活动空间扩大化、活动时间延长化。"课上、课间、课后"三个时段相结合的"1+1+1"的推进模式。"校本教材——课程学习——系列活动——竞赛队伍——课余社团"的推进系列,使学生普及率达100%,营造了浓厚的校园体育氛围。

随着"手球"课程建设的不断实施深入,进入 2010 学年,我校拓宽课程外延,以手球项目联动足、篮球球类项目,开展"手球+"课程建设。整合学校校本课程资源,以《小八腊子玩手球》《海上七彩风——弄堂游戏》校本课程为核心,开展"手球+"课程的整体布局。将"手球+"课程融入学校基础型课程、拓展型课程,融入学生社团,从而为学校办学特色的发展提供鲜活的学习文本材料与丰实的课程学习基础。(见图 3-4)

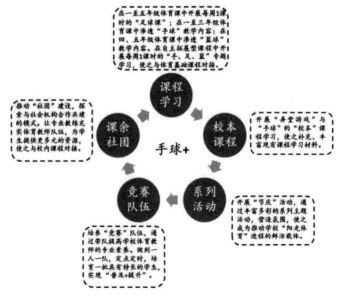

图 3-4 平阳小学"手球+"课程实施结构图

在"手球+"特色课程的建设中，学校精心策划，立足学生需求，开展了形式多样、内容多彩的系列主题活动。让活动成为普及体育运动的丰富载体；渗透体育文化的丰厚土壤。

★"手球+年华，嗨翻平阳里"体育文化节活动：

★"阿拉平阳里的游戏节"活动：

二、"海上七彩风"经验反思

立足本土资源的开发与重塑，城市精神的培育与弘扬。通过几年的规划统筹、提炼修正、实践探索，以"平实·阳光"为核心的学校特色文化概念逐步清晰。吻合学校周围文化环境，发挥本校优势，具备教育生命力的"海派文化"系列校本课程《海上七彩风》《小门票大上海》《小八腊子玩手球》开发完成并有序实施。本土文化气息浓郁，主题鲜明、层次清晰的学校物质文化环境建设初具规模。以学生发展为导向，以课程建设为平台，以教师建设为抓手，以德育活动为依托的校本特色课程建设路径逐步清晰。依托校本课程建设，为学校课程的初步形成提供了研究的路径；为学校教师的专业发展提供了合作的平台；为学生工作的有效开展提供了着力的支点；为特色项目的育人实践提供了鲜活的载体。

（一）校本课程开发，为学校课程的初步形成提供了研究的路径

　　学校从"海派文化"内涵出发，进一步提炼符合学校价值追求的办学核心理念。走进"海纳百川、敢为人先、艰苦奋斗、追求卓越"的"海派文化"，催生"平实·阳光"的办学理念，重新规划设计了学校的办学理念、培养目标、校风、教风、学风等，形成了以"本土文化"为外在物质文化形象，以"平实·阳光"为内在核心办学理念的独特校园文化品牌。

　　历经实践研究，我校不仅开发了《海上七彩风》《小门票大上海》《小八腊子玩手球》三本以"海派文化"为纽带的校本课程；更明确了课程设置结构，完善了学校课程体系。学校积极开发校本课程资源、人力资源，使之成为学校课程建设强有力的课程支撑。2009年3月，学校《海上七彩风》课程教本获首届闵行区小学拓展型课程自编校本教材评优活动一等奖。通过创新实践、拓宽思路，建构了以"制作小巧手""艺术小新星""智慧小博士""民俗小卫士""运动小高手""快乐小当家"为主题版块的学校自主拓展型课程体系，凸显了以"海派文化"系列校本课程为中心的学校课程特色，并初步形成了学校课程的系列校本内容框架与管理体系，初步摸索了特色凸显化、资源课程化、活动系列化、课程生活化的学校课程建设策略。成功开设了学校"红领巾服务社"；举办了市拓展型课程展示活动，逐步构建了以学生发展为本、具有时代特征、上海特点和我校特色的课程体系，为师生们提供了原创性的教育资源与生成性的学习时空。

（二）校本课程开发，为学校教师的专业发展提供了合作的平台

　　校本课程的开发，为学校教师提供了发展与合作的平台。共同的目标有效地挖掘出了教师不断生长的内驱力，为教师实施"自我更新"奠定了基

础，为教师专业成长提供了优质的环境。在校本课程开发的团队中，成员之间通过运用资源共享的信息，划为个体的专业行为，形成了一个个个体目标。在这个目标的驱使下，教师们由原来普遍的"要我发展"，慢慢有了一种自主发展的愿望，从而形成了"我要发展"的群体氛围。这种变化在我校综合教研组体现得尤为明显，他们以校本课程开发和实施为抓手，以教研组各学科间的合作探究为途径，开展了校本研训一体化为模式的教研活动。三年的时间，开发了三本校本课程；组员俞老师自然课《潜望镜的秘密》参加了上海市自然课的评教，获得了市评教课一等奖，并被选入了自然新教材录像课；学校综合教研组接受了区进修校的"合作伙伴关系"的评估，得到了上级领导的充分肯定，同时被评为了区级"优秀教研组"。

（三）校本课程开发，为学生工作的有效开展 提供了着力的支点

"道德根本上是实践的"，道德的实践本质决定了道德教育具有强烈的实践性特征。学校将《海上七彩风》《小门票大上海》《小八腊子玩手球》的内涵、主旨融入到丰富多彩、形式各样的活动中，通过开展形式灵活多变有针对性的德育主题活动、主题系列教育活动、民风民俗体验活动、海派特色争章活动，使学生了解上海的历史，体验海派的内涵，感悟上海的变化，让学生的主体地位在活动中得到充分的突显，使学生的道德品质在活动中得到真正的发展，吸引学生人人参与、个个体验，鼓励学生人人发展、个个成功，使德育活动形成合围气势，塑造学生心灵。

1. 主题德育活动

（1）学校"侬好，上海"广播栏目

自 2006 年 2 月起，学校"侬好，上海"栏目以广播的形式系统教学上海方言。2006 年 2 月 24 日中午，学校"侬好，上海"学说上海话广播栏目在全校范围内招募播音员。2007 年 3 月 17 日上午，我们通过电视台直

播形式举行了"说说上海话"的上海话绕口令比赛。本次比赛也是对学生寒假"海派文化活动"之"说一说"的小检验。通过两年多的初步学习,让许多上海的孩子了解了自己的方言;让许多外地的孩子融入了城市的怀抱,使地域的界限不再清晰,情感的距离不再遥远。

（2）学校"海上霓裳"时装展示活动

自 2006 年 6 月 1 日,学校组织了以"以海上霓裳,听海上回音,展海派风采"为主题的"海派"时装表演会。从 30 年代的"卖花女"、"卖报童"、旗袍、西装,到 70 年代的"蝴蝶结""白衬衣",再到 21 世纪的"时尚风""个性潮",服装的演变印证了时代的变迁,反射了生活的变化。

（3）"小小电视台"

2006 年 11 月 10 日,我校的"小小"海上电视台正式开播。在一年的过程中,学校充分利用这个宣传阵地,开设了"小小"看新闻,"侬好,上海"学说上海方言,学唱童谣,教学沪剧等栏目。在电视台的播音、采访过程中,许多同学尝试了站在众人面前展示自己的才华,培养自己的勇气,提升了责任意识,培养了良好心态。它与我校特色"海派文化"相呼应,让校园的文化生活更加多姿多彩,成为了提供同学们锻炼、成长的又一个舞台。

2. 德育系列主题活动

（1）"阳光里的微笑"特奥系列主题活动

2007 年 9 月 14 日到 9 月 30 日,"特奥"系列主题活动在我们阳光的校园里蓬勃开展。9 月 14 日上午,我校举办了"与特奥同行,为生命喝彩"的特奥知识讲座,观看了"好大一个家"特奥宣传片;9 月 24 日升旗仪式上,我校少先队大队部向全体队员发出"心手相连,情系特奥"的倡议;9 月 28 日晚,我校组织学生参加了欢迎特奥"加纳"、"乌干达"和"台湾"代表团的"welcome dinner"（欢迎晚宴）的节目演出;9 月 30 日上午,特奥会"乌干达、加纳"代表团成员及志愿者、政府官员等 80 余人来我校与全体师生进行了互动活动。

（2）暑假文化体验活动

在每个悠长的假期,学校都结合《海上七彩风》开展了多元的文化体验活动。2006 年 7 月,学校组织了部分学生和家长,共同参与了游上海、拍上海、画上海、写上海系列活动,一幅"美丽的上海我的家"大型儿童画主题文化墙在平阳诞生了。2007 年 1 月,我们组织学生进社区开展了社区"弄堂游戏"培训活动。2007 年 8 月,组织学生开展了"小公民游大上海"的海派文化暑期活动。

（3）民风民俗体验活动

结合我国的传统佳节,学校开展了两次大型的民风民俗体验活动。2007 年 3 月 9 日,我校开展了"包一包,品一品"包汤圆民风民俗体验活动。2007 年 9 月 25 日,我校围绕着我国仅次于春节的第二大传统节日,开展了"小小月饼寄深情"的中秋节主题活动。活动以生动活泼的形式吸引着孩子们,让他们感悟到一些在平时课堂中被忽略的东西;活动以潜移默化的方式教育着孩子们,让他们体验到一些在平日生活中被遗忘的东西——传承民族的文化,弘扬民族的精神。

（4）海派特色争章活动

我校把《海上七彩风》课程实施目标融入到"争章"活动中,通过组织学生开展主题争章活动,促进课程的有效实施。每个年级的学生都有两个必修章和一个选修章的项目,最后可换取一枚"海上小公民"章。（详见表 3-3）

表 3-3 平阳小学海派特色争章活动的争章种类

年 级	必修章		选修章
一年级	童谣章	沪语章	美食章
二年级	弄堂游戏章	沪语章	金话筒章

(续表)

年　级	必修章		选修章
三年级	手拉手章	沪语章	鼓号章 沪剧章
四年级	寻访章	沪语章	童趣篆刻章 踢踏舞章
五年级	小辅导员章	沪语章	合唱章 手球章
	海上小公民章		

　　学校校本课程的系统开发为推动学校学生工作的有效开展提供了丰厚的土壤。校园环境的耳濡目染、课程学习的有机渗透、课外活动的亲身体验，让同学们从各个角度走进了上海，了解了上海的历史，知晓了上海的风俗习惯。在实践德育思想的引导下，我们通过形式各样的活动形成

机制、创造条件、提供载体、搭建平台。活动以生动活泼的形式锻炼着孩子们，让他们感悟到一些在平时课堂中被忽略的东西；活动以潜移默化的方式教育着孩子们，让他们体验到一些在平日生活中被遗忘的东西。在参与各类主题系列教育活动的过程中，同学们进一步丰富了敬老、友爱、勤劳、善良、感恩、回报等健康情感，促进了孩子们认知、情感、行为的互动发展。

4. 校本课程开发，为特色项目的育人实践提供了鲜活的载体

《小八腊子玩手球》课程的开发遵循儿童身心发展需求，解读学生的课程学习需求，开展了手球课程资源的开发，提供了适合学生手球专项学习的系统教材、童装文本。童趣盎然的校本课程《小八腊子玩手球》为学生提供了原创性的教育资源，以"童心识手球、童志学手球、童声唱手球、童趣玩手球、童愿画手球、童梦圆手球"为课程框架，引导学生多角度开展课程实践。

随着课程的不断实施深入，学校基于学校原有特色校本课程《小八腊子玩手球》的研究实践，以手球项目联动足、篮球球类项目，逐步形成了以球类教学课程为主导、球类活动课程为依托、球类综合课程为延展，多方协调配合、全员积极参与的学校"阳光体育"自主课程品牌"手球＋"，将"手球项目"的实践成果充分融合于学校"阳光体育"建设领域中，不断延展特色项目的育人价值，使之焕发出新的生命力与创造力。

我校将"手球＋"运动的多功能性以一种体育文化的形式，融入到了学校校园文化与校园精神建设的范畴中来，以"开拓学科育人功能，营造体育文化氛围，促进个体和谐发展"为"手球＋"课程目标；通过"校本教材——课程学习——系列活动——竞赛队伍——课余社团"的系列推进，实现了课程普及率100%。坚持"立足校园，扎根班级"的方针，组织开展了多种形式的活动；通过设计海报、创作画作、创编游戏、组建社团、竞赛达标、主题活动等多样的形式营造浓厚氛围，使学生在丰富的体验中充分感受"手球＋"的魅力。

我校现有手球队、足球队、篮球队三支竞赛队伍,有手球训练队、足球俱乐部与篮球俱乐部三个课余学生社团,涌现了一批具有个性特长的学生,实现了学校"以全面普及为核心、以全力提升为目标"的特色建设宗旨。学校连续成功举办了5届形式各异的"手球节"活动;手球男、女队在市级比赛中屡创佳绩;学校现为全国青少年校园足球特色校、区"阳光体育"示范校、市青少年手球训练基地、市校园篮球联盟校、区"体育传统项目"特色校。"手球+"已经成为了我校校园文化与体育工作的有机组成部分,也是学校推进素质教育的重要突破口。丰富多彩的"手球+"课程学习、系列活动,正发挥着其独特的育人价值。

随着学校课程建设的不断深入,我校学生敢想、敢说、敢问、敢探究。在2007年上海举办的"特殊奥林匹克运动会"学校互动活动中,同学们不仅结交了许多不同肤色、不同国度的朋友,也展现了我们上海少先队员友好、主动、热情、自信的时代风采。2008年4月,我校鼓号队参加了闵行区中小学鼓号大赛,队员们以铿锵的鼓乐、整齐的步伐、美观的造型吸引了前来观摩的师生的目光,也得到了评委老师的好评,最终获得了一等奖的好成绩。2008年5月,组建只有短短一年半的我校手球队首度亮相上海市小学生手球锦标赛,就一鸣惊人勇夺比赛冠军。

几年的主体思考、行动实践,让我们收获了文化建设、课程建设为学校带来的勃勃生机。随着学校课程建设的不断深入,我们进一步思考:1. 现有的校本课程文本《海上七彩风》内容包罗万象,涉及面广,认知含量太高、实践性能不足,在课程教学中,学生自主阅读有困难。不利于学生的自主探究与自主体验,学生普遍感觉"生涩难懂";《小门票大上海》受制于课堂教学的局限,难以体现开发者的初衷。2. 学校课程建设最终要体现"人的发展"的课程价值追求,在课程建设过程中,我们更多考虑的是要"呈现什么样的课程内容",而不是"培养什么样的人"的问题。3. 学校课程已经实现了"从无到有"的过程,在充实了课程内容、架构了课程框架、丰富了课程实施的既有研究阶段,学校课程如何实现纵深、优化、结构的"再建设"。4. 国家课程的校本化实施是为了体现区域与校本的差异,现

代学习应该是一种个性化的行动，学校课程建设如何满足学生学习成长与个性发展需要。对于这些问题的深刻反思、智慧重建，将引领我们集聚力量、扎实研究，持续提升学校课程建设的品质。

三、讲述"平阳里"的课程故事

众所周知，学生的个体认识方式主要有两种：一是以课堂和书本为中心，通过学习人类在长期的社会实践活动中积累并整理而成的书本知识，获得间接经验，走的是间接认识的道路，它具有外在性、概括性、抽象性、简约性等特征；二是以经验和活动为中心，强调学生通过自身的实践活动和自主探究获得直接经验，走的是直接认识的道路，它具有亲历性、情境性、具体性、个体性和缄默性等特征。

在我国传统的课堂教学中，人们大多强调学生的学习应以间接经验为主，其主要任务是掌握人类积累起来的科学文化知识，把学习间接经验看作是学生认识世界的"高速公路"和捷径，这样，学生的现实生活世界自然被阉割了。虽然传统课堂教学也强调学习间接经验应以学生的直接经验和感性认识为基础，但是它将学生的直接经验、感性认识作为学习间接经验的手段和工具，是为掌握间接经验和书本知识服务的，显然是把直接经验放在了从属、次要的地位，把学生限制和束缚在书本世界之中，割裂了书本世界与现实生活世界之间的联系，致使课堂教学变得如同一潭死水、波澜不惊，缺乏生机与活力。其实，学生的直接经验和现实生活世界对于丰富、加深个体的认识乃至促进他们的身心得到充分自由的发展具有重要的价值和作用。例如，如果你没有在夜晚到过重庆的枇杷山公园，你大概不能很好地理解"万家灯火"这个词所代表的壮观与辉煌；如果你没有到过桂林，没有在薄暮时分站在叠彩山上向西望去，你也很难理解"千峰竞秀"所能表达的秀美与峻峭；如果你没有在二三月份到过昆明，你大概也很难充分地理解"春深似海"这个词所拥有的包容性和穿透力。可以这样说,学生的现实生活世界中蕴藏着巨大甚至是无穷无尽的教育资源,生活中有语文,生活中有数学,生活中有物理和化学……也正是在这个意义上,陶行知先生提出了"生活即教育"的重要思想,认为"教育要通过生活才能发出力量而成为真正的教育"。

许多优秀学生的学习和优秀教师的教学也都揭示了这样一个共同点:引导学生从书本世界走向生活世界,促使两个世界的交汇。这样做不仅有利于促进理解,形成解决实际问题的方向和能力,而且还可以激发联想,生成创意,从学生们走出课堂,活学活用,在现实世界中去领略知识带来的美妙与乐趣。

那么究竟应该如何使书本知识关照学生的现实生活呢?《新课程标准》充分强调书本知识的实际意义和实用价值,培养学生解决实际问题的意识和能力,即让生活走进课堂,又让知识回到社会生活中去,显示其价值,展示其魅力。

2007年3月,凝聚了学校教师智慧、汗水结晶的校本课程《海上七彩风》《小门票大上海》正式出版。《海上七彩风》通过课堂教学渗透(探究课、音乐课、美术课、体育课)与拓展型课程教学两条渠道并行来深化学生对于"本土历史、本土风俗、地方语言、地方剧种、地方特色、城市变迁、文化变迁"七个维度项目的学习。《小门票大上海》以探究型课程为主阵地,引导学生以"小门票"为线索开展自主探究。课堂上,老师们引导学生通过写一写、画一画、唱一唱、玩一玩、拍一拍等多样方式丰富课程体验,实现孩子书本世界与生活世界的无痕链接。基于校本课程实施,学校以"教学月"为契机,开展了主题"命题设计"活动,倡导教师设计出突显学科属性的、关联学生生活世界的命题。小伙伴们各显神通,各展身手,精彩的命题设计层出不穷。

平阳故事3-1 关注直接经验 打通生活世界

情节一:王老师设计的《听说活动:看花展》

以"春天""花"为主题,请家长带着孩子去公园或植物园看花展。了解不同的花名、花期、花的形状、颜色等。可在家长帮助下,制作花朵小卡片,在班上交流。提高学生的观察及动手能力。

情节二:周老师设计的《近代历史文化名人探寻之旅——上海多伦路名人文化街及鲁迅纪念馆寻访之旅》

四五年级课文中介绍鲁迅故事的文章比较多,五年级刚学了《鲁迅与时间》,学生也读过《社戏》或《阿Q正传》等等。上海的大街小巷,也留下了他的生活痕迹。

一、前期调查:

设计出行路线:鲁迅公园、鲁迅纪念馆的位置;

二、制定任务书:

1. 认识名人;

2. 欣赏建筑风格(探寻名称与背后的故事);

3. 做一做纪念牌。

在《儿童与课程》一文中,杜威曾经指出,以往我们总是有意无意地把生活世界与书本世界人为地二分对立起来,认为生活世界停驻于感性经验的领域,只有书本世界才能使人超越出来,将人提升到一定的境界。但事实上,这仅仅是我们的思维在作想当然的假设,美化了知识世界。当然,书本世界因其具有规律性、系统性和抽象性,不仅可以使人思维清晰,而且可以使人避免在生活世界中所要时时面对的种种矛盾、困惑乃至情绪上的种种冲突。但是,书本世界也有它的不足,因为书本世界将人与现实生活隔离开来,给予人的除了符号化的东西外,并没有给予人足够的应付生活的能力,而这一点恰恰要到生活世界中去寻求。两位青年教师成为了勇敢的先行者。

平阳故事3-2　关注学科素养　回归生活世界

情节一:项老师带你走进石库门

项老师立足校本教材,挖掘教育资源,设计了题为《悠悠上海情,走进石库门》的命题:

石库门建设是上海的特色建筑,本活动是带领学生通过走进石库门、认识石库门、体验石库门、思考石库门等一系列活动来感受石库门的魅力。

项老师要求学生以假日小队形式,实地参观上海的石库门建筑,收集各类资料:① 石库门名字的由来;② 石库门的结构是怎样的? ③ 石库门是从什么时候兴起的? ④ 石库门有哪些变迁? ……再画一画石库门的结构示意图。

这样的命题设计,既兼顾了探究型课程培育学生探究精神与能力的学科核心素养,又是校本课程内容的有意延伸与拓展,还紧密结合学生的生活实际,整合假日小队活动,一举数得,何乐而不为?

情节二:戴老师邀你改造新天地

无独有偶,戴老师设计的题为《梦想改造家——上海新天地》的命题,也要求学生以小组为团队,分工合作,完成"老弄堂"的改建:

上海新天地作为怀旧与时尚结合的地标,原先也是由老弄堂改造的。

活动一:欣赏新天地风光,凸显"怀旧"与"时尚";

活动二:通过之前老弄堂的作品,思考可以从哪些方面来改造:

a. 色彩　b. 添加新元素　c. 功能性改造……

这样的活动设计,源自校本教材的实施,显然又远远高于校本教材本身。戴老师用寥寥数笔在命题的上方勾勒出上海标志性建筑的轮廓,教师的专业素养,跃然纸上,引人入胜的同时,更将学生的学习兴趣点燃,为学生的终身学习奠基。

平阳故事3-3　关注现实世界　提升生活品质

情节一:俞老师的花展

加强对学生的人文关怀,打通课堂教学与学生现实生活世界之间的界限,建构他们完满、丰富的精神生活和精神世界,是促进学生生动活泼、主动发展以及实现课堂教学重建的重要内容。俞老师基于上述思考,设计了题为《走进植物王国》的命题:

每年一度花展都会呈现在上海植物园,全世界各种名贵花草在春天的暖意里盎然绽放。让孩子走进自然,与大自然来一次亲密接触,每位孩子养植一株花草,为春天添一份暖意色彩。

可见,课堂教学应贴近学生的实际生活,密切联系他们的生活经验,赋予课堂教学以生活意义和生命价值,促进学生在生活质量、生活品位、生活格调上的提升,不仅使他们学会学习,更要学会过美好的生活,在此基础上使学生真正成为学习活动的主体、个人生活的主体和社会生活的主体。

情节二:陈老师的风铃

陈老师设计的《Make a wind-bell》命题,与俞老师的设计有异曲同工之妙。

1. Draw different shapes on the thick card.

2. Cut out the shapes .

3. Make two holes .

4. Tie the shapes with a bell.

（Tip：Write somesentences about the places you have been ，stick on the shapes.）

源自教材的命题设计,配上精美的插图,学以致用,丰富教学活动的同时,又能让学生的课余生活添上亮丽的色彩。谁还能说学习是枯燥乏味的呢?

平阳故事3－4　关注生活实践　享受教育生活

从某种意义上讲,课堂教学是一种基于学生的现实生活、以提升他们的生活质量和生命价值为旨归的特殊的生活实践过程,是学生生存状态的积极展现、不断充盈和丰富的过程,是引导他们不断地超越、提升现有的生存状态以及追求更有意义、更有价值、更为美好和更符合人性的可能生活的过程。

情节一:课堂上的生活数学

三位数学老师不约而同地设计了贴近儿童贴近生活实践的数学题,

引导学生用数学的眼光观察生活,用数学的头脑思考问题,用数学的方法动手实践,拓展了数学阅读、学科活动的时空,打造起了数学学习的第二个课堂。(见图3-5)

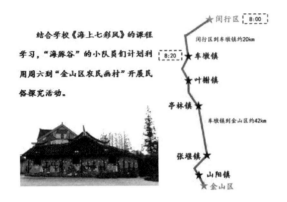

●他们早上8:00从闵行区出发,8:20到达了车墩镇。照这样的行驶速度,预计几点能够到达目的地?

●如果他们驾驶的车辆的油耗大约是10升/100km,请你估算一下,大约需要加多少升油?

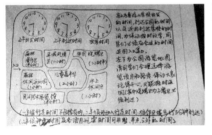

图3-5 数学课堂上的生活实践

由此可见,关注学生的直接经验,才能打通书本世界与生活世界之间的界限;关注学生的现实生活,才能改善他们当下的生存状态和生活质量;建构完满的可能生活,才能提升学生的生活意义和生命价值。

在校本课程实施的过程中,教师们都在不断革新着自身的教学理念和教学方式。校本课程文本是教育资源内容的呈现,教师在实施课程的过程中要对教材内容开展"再加工"与"再创造"。教师必须认识到:课堂

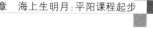

教学必须充分认识到学生的直接经验和现实生活世界对于他们身心发展的重要作用和价值，以学生的现实生活世界为基础，以直接经验来丰富、扩展和提升学生的个体认识。打通书本世界与生活世界之间的界限，以"贴进学生的活动设计"，把生活世界中的教育资源与书本知识融会贯通，从而发挥直接经验和现实生活世界对于学生身心发展的积极而又独特的作用。正如赞科夫所说："在课堂上跟教师、同学交谈自己的想法，和在校外偶然听到别人的谈论并不是一回事。如果真正的、广阔的生活冲进教室的门而来到课堂上，教室的天地就广阔了。"

第四章

沪上踏歌行：平阳课程转型

随着课程改革的深入推进，体现学校办学个性化的"海派文化"系列校本课程开发与实施已经成为学校办学内涵发展、课程变革实践的重大举措与有效载体。八年的"海派文化"系列校本课程开发、实践之路上，我们累积了课程研发的相关经验，也使我们带着发展的眼光进一步审视学校现有校本课程《海上七彩风》与《小门票大上海》。这本教材通过古今两条线路的并行穿插设计，突出上海的变化，寄托了教师们的情感与期许。但是校本课程学习的主体应当是学生，如果我们将视野转向学生，将学生的发展需求作为研究、选择教材的依据，那么我们的教材是否体现了"学生立场"的主旨呢？

一、"Walking in Shanghai"课程的开发过程

基于"为师生提供更优质化的教育资源与生成性的学习时空"的思考，我校立足于"国际理解教育"区域项目推进，开始思考学校"海派文化"系列校本课程的再次开发。着眼于"国际理解教育"地方课程的开发，我校开展了深度思考与积极实践，力求通过《Walking in Shanghai》校本课

程的开发,提供学生更优质的学习文本,对学校校本课程体系进行继承、补充、改良与完善。

(一) 定位:分析校本课程建设现状,确立课程开发宗旨

学校原有校本《海上七彩风》《小门票大上海》以本土文化教育资源为深厚土壤,引导学生在课程学习中全面了解上海的历史、人文、风俗、方言、剧种、特色与变迁。但是课程内容的面面俱到恰恰为课程学习设置了条条框框。现代课程理念的不断更新呼唤课程内容的开放与互动。承接转变课程开发视角、转变课程学习方式、转变课程教学主体的思维路径,学校确立了《Walking in Shanghai》课程开发的宗旨与目标。

1. 课程开发宗旨

教材——学材:在编写思路上,实现教材到学材的转变。立足于学生立场,以儿童的眼光看待教材,摒弃原教材"城市精神"的重心,以"自主探究"为主线,引领学生发现、体验与感悟。

单式——复式:在实施方式上,实现单一的"课堂教学式"向复合的"多元组合式"的转变,整体架构学校校本课程与主题活动。

2. 课程开发目标

学校端:在区域课题项目组的引领下,以"多元·共生·融合"为主旨,开展"国际理解教育"地方课程的开发,以项目研究推动学校内涵发展的进程。

学生端:以学生的健康主动发展为课程开发的核心目标,通过校本课程的再度开发,提供更适合学生自发阅读、自主探究的学习系列教材、童装文本,为学校学生工作的理念更新与管理转型奠定基础。

教师端:以项目推进为平台,有效整合学校行政团队与教师团队的优势与特长,通过项目研究过程为教师搭建发展平台,驱动不同的教师共同

的专业生命成长。

课程端：发掘学校原有校本课程资源，融合《海上七彩风》《小门票看大上海》课程精髓，对学校校本课程体系进行继承、补充、改良与完善。

（二）剖析：解读学生学习需求，开展整体框架设计

学习是一种个性化行动，学生的主动学习是主体意识的特征表现。因而课程要创设有利于学生个性张扬、自主创造的"场所"，让学生的个性在宽松、自然、愉悦的氛围中得到释放，展现生命的活动。《Walking in Shanghai》校本课程融合学校原有校本课程《海上七彩风》、《小门票看大上海》精髓。本着"学生立场"、"儿童视角"的原则对原有课程内容进行补充、舍弃、改良与重建，力求取得突破与转变。以"访城厢黄色之旅"、"漫都市蓝色之旅"、"乐生活橙色之旅"、"亲自然绿色之旅"、"探民俗红色之旅"、"享文化青色之旅"、"品时尚紫色之旅"为课程版块"七彩之旅"框架，引导学生认识上海、发现上海、感悟上海。（见图 4-1）

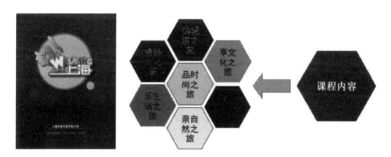

图 4-1　"海派文化"系列校本课程之四：《Walking in Shanghai》

（三）重构：融合现有课程体系精髓，编写教材内容

《Walking in Shanghai》教材不仅仅是对原教材《海上七彩风》进行了删减，而是从"学生立场"的角度重新确立了课程开发的价值——"行"中主动发现、"行"中自主体验。摒弃了原教材"城市精神"的重心，以"自主

探究"为主线对原教材进行了重组与重构。在教材开发初期,学校研发团队就选取"探究点"进行了主题研讨。历经几轮修订,最后形成了20个表现上海"文化符号"、展现上海"文化形象"、体现上海"文化内涵"的主题"探究点"。(见表4-1)

表4-1 "Walking in Shanghai"校本课程内容概括

主题模块	模块内容	探究点	渗透点
访城厢之旅(黄)	历史痕迹:迷宫般的老城厢是上海这座城市的"根",留存有上海700多年城市发展的历史痕迹。	1.上海老街(城隍庙)	老城厢介绍、老城厢改造
		2.周公馆	上海味道,名人故居
		3.田子坊	老弄堂风貌、生活场景
漫都市之旅(蓝)	国际都市:经济、金融、会展中心,具有超大规模的综合交通运输网络。	4.外滩	外国建筑博览群
		5.环球金融中心	上海的高楼,金融中心
		6.虹桥枢纽	交通网络的发展
乐生活之旅(橙)	移民城市:接纳来自四面八方的人宜居在上海,生活在上海的快乐,喜欢上海的理由。	7.王家沙总店	上海小吃、本土美食、上海老字号
		8.欢乐谷	游乐场
亲自然之旅(绿)	生态城市:上海城市绿化率不断提高,环保意识不断提升。	9.崇明	湿地
		10.金山沙滩	城市海滩
		11.徐汇绿地	上海的绿地
探民俗之旅(红)	本土文化:上海普通市民以口传心授的方式被不断地创造出来和传承下来的文化,是反映着一代又一代上海人日常生活的社会情景和风俗习惯。	12.七宝古镇	古镇民俗
		13.南汇桃园民俗村(桃花节)	民俗节庆
		14.金山农民画	民俗代表(顾绣等)
享文化之旅(青)	文化之都:随着城市的不断发展,上海的文化事业也在蓬勃发展,各个文化场馆的建设、教育事业的发展提升了上海的"综合软实力"。	15.交通大学	知名学府
		16.上海博物馆	博物馆
		17.中华艺术宫	世博园区,我们认识世界,世界认识上海
品时尚之旅(紫)	时尚之都:上海是一座时尚之都。拥有繁华的商业街,传统与时尚融合的独时尚魅力。体育也成为了上海的新时尚,世界最高级别的单项常驻赛事几乎都落户在上海。	18.南京路	上海知名路段
		19.新天地	时尚新地标(老码头、同乐坊等)
		20.F1赛车场	体育事业的发展

（四）创新：激发学生自主探究，建构课程实施框架路径

校本课程的实施必定不能局限于书本和教室。"Walking in Shanghai"校本课程以"访城厢黄色之旅"、"漫都市蓝色之旅"、"乐生活橙色之旅"、"亲自然绿色之旅"、"探民俗红色之旅"、"享文化青色之旅"、"品时尚紫色之旅"为课程框架。以 20 个表现上海"文化符号"、展现上海"文化形象"、体现上海"文化内涵"的主题"探究点"为核心内容主题，引导学生在课程学习中以"学一学、讲一讲、游一游、吃一吃、唱一唱、做一做、探一探"等生动活泼的形式认识上海、发现上海、感悟上海。（见图 4－2）

图 4－2 "Walking in Shanghai"课程读本截图

在课程实施方式上，我们思考实现单一的"课堂教学式"向复合的"多元组合式"的转变，采用"学校课程渗透"和"主题活动落实"两条路径并举的形式，根据年龄特点制定有针对性的实施方案。学生的学习成果可以通过照片、感受等文本的形式呈现，也可以上传到学校主题网站上，实现与伙伴的分享。（见表 4－2）

表 4－2 "Walking in Shanghai"校本课程实施规划表

实施路径	版块设置	实施年级	实施内容	负责老师
课程渗透	探究型课程	三年级	七宝古镇	探究老师
		四年级	南京路	
		五年级	上海老街	
	限定拓展	一年级	王家沙总店	项目组招募老师
		二年级	周公馆	
		三年级	田子坊	
		四年级	虹桥枢纽	
		五年级	金山农民画	
主题活动	主题教育	一至五年级	环球金融中心 欢乐谷 上海博物馆 中华艺术宫 F1赛车场	师生发展部及相关老师
	假期实践	一年级	徐汇绿地	师生发展部及相关老师
		二年级	城市沙滩	
		三年级	崇明湿地公园	
		四年级	交通大学	
		五年级	新天地	
	亲子实践	一年级	外滩	师生发展部及相关老师
		二年级	南汇桃园民俗村(桃花节)	

（五）落地：打破书本学习固化局限，活化课程实施策略方法

校本课程的实施必定不能局限于书本和教室，打破书本僵化局限是校本课程实施的首要原则。在课程实施历程中，我们不断丰富课程实施策略，变化课程实施形式，从而突出课程的实践特点，不断拓宽课程的"粉丝团"，提升课程的"亲生度"。

1. 地图导航，手册记录——行遍上海

《Walking in Shanghai》教材文本的首页就是一张上海地图，它体现

着课程的核心思想——行。现代学习应该是一种个性化的行动,我们希望学生能够在"行"中主动发现、"行"中自主体验。(见图 4-3)

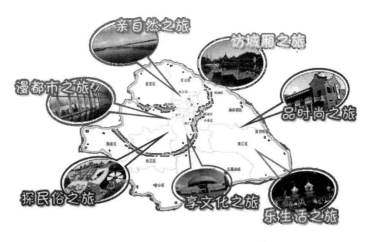

图 4-3　Walking in Shanghai 课程"导航图"

伴随着课程的研发,我们开始思考怎样充分体现我们研发这本教材的核心目标:让学生走出去,用脚步去丈量上海;用眼睛去发现上海;用心灵去感知上海。为了达成我们的课程愿景,仅仅依靠校内的课程渗透与主题活动是远远不够的。本着为学生提供更鲜活学习素材的目的,在教材开发的过程中,我们同步开发了《Walking in Shanghai》配套学习手册《玩转上海》。通过"Walking 1+1"(校内+校外;教材+手册)的设计思路,更大限度地拓宽学生自主学习的天地,为主动发展与个性形成创设充足条件。(见图 4-4)

图 4-4　Walking in Shanghai 学习手册截图

2. 活动浸润,家校联动——玩转上海

　　学校各个部门结合学校课程实施开展了各类主题活动与系列活动。学校德育室结合每学期的"春秋游实践活动"组织学生开展有组织的"Walking"主题探究活动;结合寒暑假组织学生开展有目的"Walking"系列探访活动。学校大队部策划了"Walking 毕业季"活动,以"毕业季"为契机,引导学生自主策划,发现身边上海的变化与发展。(详见图 4 - 5~图 4 - 8)

图 4 - 5　"Walking in Shanghai"暑期活动之礼赞祖国 70 华诞

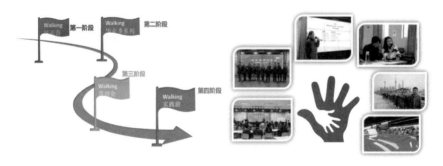

图 4 - 6　"Walking 毕业季"活动流程图

　　我们在《Walking in Shanghai》教材研发的历程中虽然耗费了大量的心力,也几易其稿。但是一本教本能够提供的内容毕竟是有限的,前期思考得再多,也不可能做到尽善尽美。我们期待着参与教材编写的老师只是课程编写的开拓者，每一个融入其中的教师、家长、学生都是践行课程的亲历者、丰富课程的同盟者、生成课程的创造者。参与课程实施的教师、家长、学生都可以对教材进行自主选择和组合学习。

图 4-7　"Walking in Shanghai"之"红苹果谷"致敬先锋榜样

图 4-8　"Walking in Shanghai"之弘扬传统文化

3. 平台共建，互动交流——乐享上海

2014 年，学校创建了"Walking in Shanghai"APP 和微信公众号，邀请家长辅导员一同参与活动的管理与实施。前期，我们听取家长辅导员的需求,家校沟通确立相应的主题版块。中队辅导员与家长辅导员沟通活动设计,进行思想引领,家长辅导员们各抒己见,建言献策,在思维的碰撞中展开头脑风暴,找到解决共性问题的最佳方法。媒介平台建成后,中队辅导员邀请队员们、家长辅导员和相关任教老师关注平台,在"Walking in Shanghai"APP上发布活动征集令,由家长辅导员和中队辅导员共同管理和维护。(见图4-9)

图4-9 "Walking in Shanghai"微信公众号

"Walking in Shanghai"APP的开发和微信公众号的开设,让队员们在参与活动、自主探究、自主管理时都可以通过网络平台这一载体进行活动的发布和作品的上传、分享与评价。队员们不仅能通过数据记录下每次活动的足迹,还能在平台上关注其他队员的活动过程。他们对喜爱的优秀小队活动予以点赞、留言、分享给更多的伙伴,开辟了互动、互学、互助、互享的学习新途径。

二、"Walking in Shanghai"课程开发的经验与反思

我校全体师生十余年如一日,体悟海派文化"悦纳·融合"的深厚内涵,打造并践行了"海派文化"系列校本课程。从以"知"为主题的《海上七彩风》《小门票大上海》到以"动"为特征的《小八腊子玩手球》,再到以"行"为脉络的《Walking in Shanghai》。"海派文化"系列校本课程吸纳了地域资源,让学习回归本源,打破了书本僵化局限;以儿童的眼光发现学习,引领学生行中学、玩中学、做中学;吸引多方参与,把课程还给学生;把课程策划实施的主持权交给家长、还给学生;建立家长"同盟军团",牵手公司"外援伙伴",激活了多个主体、多方团体对学校课程的主动参与,扩张了课程生命力;优化课程系列,让教育体现公平;衍生了50多个拓展科目,10多个阳光社团供学生自主选择,缔造了"家门口的平实阳光校园"。课程开发与转型的过程,也给了我们一些有益的经验与反思:

(一) 课程开发理念:要以"实现自主发展"为本

学习是一种个性化行动,课程要创设有利于学生个性张扬、自主创造的"场所",让学生的个性在宽松、自然、愉悦的氛围中得到释放,展现生命的活力。在校本课程研发实施的不断思索、实践中,我们逐步清晰了学校校本课程的价值核心——必须"实现从教材到学材的转变"。

从以"知"为主题的《海上七彩风》《小门票看大世界》到以"动"为特征

的《小八腊子玩手球》,再到以"行"为脉络的《Walking in Shanghai》。我校逐步清晰了依托课程建设培育"平实阳光好少年"的课程育人价值。基于这样的思考,我校具化"平实·阳光"办学宗旨,将"平实阳光小公民"综合素养具体化、清晰化。并确立了"课程资源丰富化,课程学习动态化,课程教学开放化,课程评价个性化"的课程目标以及相关的"平实阳光小公民"综合素养评价指标。(见表4-3)

表4-3 "平实阳光小公民"综合素养评价指标

平实	自律	对自己的国家与民族有归属感,为国家与家乡的发展感到自豪,做爱祖国、爱上海的上海小公民。
		自觉遵守学校规章、社会公德与活动规则,习惯良好,做守规则、讲公德的上海小公民。
	务实	诚实守信,遵守时间,对自己说过的话、做过的事付责任,做能负责、有担当的上海小公民。
		能自觉履行班级岗位及活动角色中的职责,做遇事不逃避、不依赖的上海小公民。
	友善	具备主动交流的意识与良好的沟通能力,面对困难、遭遇矛盾,能够主动沟通,诚恳地说出自己的意见,不讲伤害对方的话,做有善心、善沟通的上海小公民。
		乐于投入合作学习或团队项目中,能够倾听他人的意见,能够服从分配并为了共同的目标而努力,能够与伙伴分享资源,主动帮助有困难的团队成员,做乐合作、会分享的上海小公民。
	文明	举止文明、尊敬师长,着装整洁大方,待人面带微笑,做讲文明、懂礼仪的上海小公民。
		爱护公物、爱护环境,节约资源,培养"绿色行为",做亲自然、讲环保的上海小公民。
阳光	自信	对自己有全面、客观的认识与评价,能够看到自己的优点,也能找寻自身的差距,正确看待成功与失败,做胜不骄、败不馁的上海小公民。
		兴趣爱好广泛,能够发展持续稳定的兴趣爱好,并持之以恒地专注于兴趣特长的学习,做有特长、有个性的上海小公民。
	宽容	尊重他人,能站在他人的角度思考问题,善于理解他人的环境与处境,做有爱心、会感恩的上海小公民。
		能主动学习了解不同国家、不同地域的文化和习俗,能积极体验异域文化,尊重文化差异,做有见识、乐体验的上海小公民。

（续表）

阳光	乐观	心胸开阔、积极乐观,面对挫折与困难能够主动调控自己的负面情绪,始终保持良好的心态,做懂道理、有理性的上海小公民。
		能够感受并欣赏生活,具备健康的审美情趣,喜爱阅读、热爱生活,善于发现身边的美,并及时分享自己的感受,做爱阅读、懂生活的上海小公民。
	进取	能够专注地投入学习活动中,有好奇心与求知欲,喜爱动手实践、亲身体验,做爱探究、会创新的上海小公民。
		面对问题能够独立思考、不盲从,敢于大胆表达自己的见解,能够不断尝试、积极沟通寻求问题的解决途径与方法,做不放弃、敢拼搏的上海小公民。

（二）课程实施框架：要以"搭建多元平台"为基

在课程实施方式上,我们实现了单一的"课堂教学式"向复合的"多元组合式"的转变。校内建立机制,由校长室牵头,学校各个职能部门协同建设,采用"学校课程渗透"和"主题活动落实"两条路径并举的形式,通过探究型课程、限定拓展、自主拓展、主题教育、假期实践、亲子实践等方式实施校本课程。由此架构了课程管理网络和课程建构流程。（见图 4-10、图 4-11）

历经十余年的课程建设历程,具备教育生命力的"海派文化"系列校本课程建构完成。《海上七彩风》《Walking in Shanghai》《小门票大上海》《小八腊子玩手球》四本校本课程体现了不同的"学习重心",并与三类课

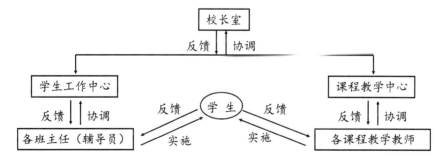

图 4-10　"海派文化"系列校本课程管理网络图

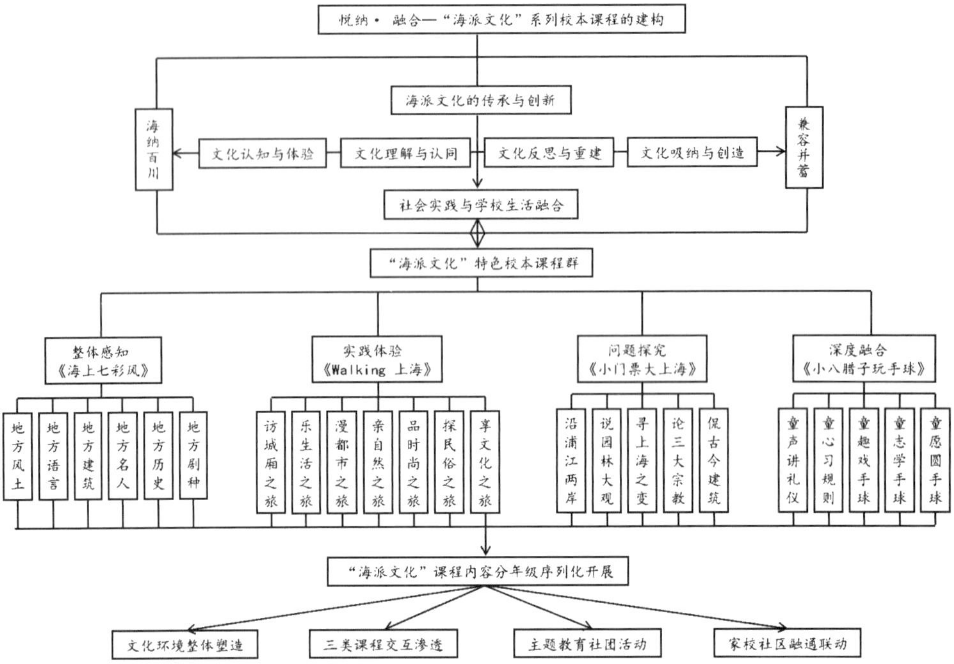

图 4-11 "海派文化"系列校本课程建构流程图

程、学生社团、教育活动相建构,衍生了 50 多个拓展科目,10 多个阳光社团、"PYTV——小小海上电视台"等供学生自主选择、充分体验,形成了清晰完整的校本课程育人体系。

(三)课程活动策略:要以"引导实践体验"为重

"知识来得及,体验等不及",只有让孩子们经历多样化的学习方式,才能让每个不同的孩子找到适合他们的成长路径,实现个性化的成长。学校以"行"为《Walking in Shanghai》课程核心思想,开发了配套学习手册《玩转上海》。学校各个职能部门协同建设,突破课程空间,打破课堂局限,通过探究型课程、限定拓展、自主拓展、主题教育、假期实践、亲子实践等方式多维实施课程,打破了书本僵化局限,以儿童的眼光发现学习。采用了游走、游玩、游戏等小学生喜闻乐见的丰富形式,引领小学生在行中学、玩中学、做中学,让课程回归"儿童丰富多样的生活",从而真正实现了

"教材"向"学材"转变。(见图 4 - 12)

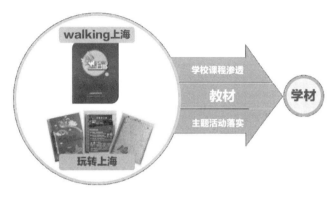

图 4 - 12 Walking in Shanghai 校本教材向学材转变示意图

《Walking in Shanghai》校本课程的实施为提升学生素养提供了优质的教育资源与广阔的教育平台。许多中学校长觉得平阳的毕业生阳光、大气,这样的气质来源于学生爱不释手的校本教材《Walking in Shanghai》、学习手册《玩转上海》;来源于"PYTV——小小海上电视台",从"侬好,上海"广播一路发展,记者团、导播组、剪辑组、编写组、场记组,学习成长我做主;来源于课程的丰富实践:"背上数学去 Walking"数学学科活动,订票、租房、算时间,Walking 旅途展身手,购物、预算、找方位,边走边学 So easy;"Walking 古美"主题活动,"访龙茗路美食街"、"探马路菜场的秘密"……同学们的组织力、行动力令人叹服;"Walking 毕业季"系列活动,策划方案、现场答辩、组建队伍、分配任务、实施活动、收集资料,同学们的策划力、合作力充分施展。

(四) 课程学习方式:要以"自主组合学习"为先

在课程的实践摸索中,我们深刻反思到一本教本能够提供的内容毕竟是有限的。在课程实施过程中,学校主动出击,通过培训、研讨等方式与社区联手、与家长共情。通过"Walking 毕业季"、"背上数学去 Walking"、"亲子 Walking"等活动把课程策划实施的主持权交给家长、还给学生。建立家长"同盟军团",牵手公司"外援伙伴",激活了多个主体、多方团体对学校课程建设的主动参与。

学校以开放的姿态邀请参与实施课程的教师、家长、学生对教材进行自主选择与组合学习,自主设计与创新学习。形成了行之有效的独创课程实施模型,使课程开发实施成为家校合作、师生共生的教育过程。在"Walking"的历程中,家长们投入的激情、展现的智慧远远超过了我们的期许。"家长辅导员"们变身为了同学们旅行中的玩伴、学习时的伙伴,"大手牵小手"行走于上海的大街小巷,以游、学、吃、讲、探、写等生动活泼的形式充分体验、个性成长。他们把静态的教材化为了动态的行动,他们用生动的活动诠释《Walking in Shanghai》的精神内涵——"行",成为了践行课程的亲历者、丰富课程的同盟者、生成课程的创造者。(见图 4-13)

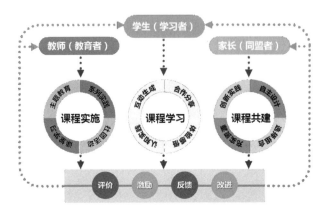

图 4-13 "海派文化"系列校本课程实施模型图

十余年的校本课程实践之路,我校积极构建以学生发展为本、具有时代特征、上海特点和我校特色的学校课程体系。平实的发展之路上有欣喜骄傲也有内省反思。"Walking in Shanghai"课程实践成果让我们体会到开放的、综合的课程为学校课程建设注入的能量与活力,为学生主动个性发展带来的生机与潜力。

随着学校课程体系初步成形,步入课程研究实践第三个五年的我们进一步思索学校"海派文化"系列校本课程的"生长带"。2018 年,中共中央、国务院印发《中国教育现代化 2035》《关于深化教育教学改革全面提高义务教育质量的意见》等一系列纲领性文件，明确了德智体美劳"五育并举"的教育方针及其时代要求，解决了为谁培养人，培养什么人、怎样培养人的问题，确定了教育现代化的目标和方向。追求高质量和高水平的教育，为时代培养新一代人才，离不开基础教育层面的课程建设。我校将积极呼应国家教育方针与育人目标，在新的教育发展形势下乘势而为，找准落点、整合资源、突破瓶颈，遵循儿童身心发展规律，以"平实·阳光小公民"综合素养培育为育人目标，以"玩中学，学中创"为宗旨，开展"综合实践活动课程"校本实践，整体系统打造"好玩"的"综合实践课程"，促进学科融合、五育融合，让校本系列"综合实践活动课程"成为培养"未来上海小公民"的有效载体，为学生提供更真实的课程体验与更丰富的学习经历，激励孩子们不断蜕变成长。

（五）"Walking in Shanghai"课程开发案例

为使读者对"Walking in Shanghai"课程开发有一个完整实在的了解，下面呈上两个典型案例以作参考。

背上"书包"去"Walking"

——《Walking in Shanghai》综合活动实践案例 4 - 1

平阳小学　张　浔

小朋友假期里去 Walking，爬爬小山放放风筝，丢掉书包丢掉烦恼；
小朋友假期里去 Walking，看看风景理理思绪；满载欢笑满载收获。
艳阳彩云哼着歌，微风细雨跟着跑。
小发现跃上我的小笔记；大学习装进我的大背囊。

一、案例概述

本案例将《Walking in Shanghai》课程目标有机融入"背上书包去Walking"主题式综合活动过程。以"Walking 旅途"引领学生感受、体验与探索真实的生活世界，以开放的、综合的活动经历，促进主动的、快乐的学习发生。借助"Walking"三个活动和六个任务之系列设计,引导学生"行中学"、"玩中学",在活动中获取累积经验、发现认识世界、丰富经历体验,提升学生观察感知身边世界的兴趣、表达内在需求主张的能力和自主发现实践探究的意识。

平阳小学"背上书包去 Walking"综合活动内容设计

系列活动设计		主题活动内容
Walking 前	规划我的"小心愿"	在这次"Walking"中你有什么想玩的、想看的、想吃的,规划一下你的"小小心愿"吧!
	整理我的"小行囊"	把你需要携带的物品列一张清单,然后整理好你的"Walking 小行囊",自己的事情自己做哦!
Walking 中	擦亮我的"小眼睛"	"Walking"的旅途处处有学习的身影,擦亮你的"小眼睛",比比谁发现的最多!
	收集我的"小发现"	收集车票、门票,拍下风景,记下发现,在"Walking"时,要收集你的"小发现"哦!
Walking 后	回顾我的"小心得"	一路"Walking"想必有不少感悟吧! 不要等待,赶紧整理你的"小发现",回顾你的"小心得"!
	美丽我的"小园地"	将你的所思、所得、所想用写、画、贴、唱……等形式表现出来,美化你的"小园地"吧!

二、活动背景

本案例以学校特色课程《Walking in Shanghai》为载体,在学校课堂学习的基础上拓宽学习的时空,策划实施暑期亲子延展主题活动——背上"书包"去"Walking"。聚焦综合课程"社会性成长"的育人属性,以学生暑期"Walking"为主题,以学校《Walking in Shanghai》校本课程实践为资源,以亲子团队活动与个体活动为组织形式。引导学生在"大世界"中发现"真问题",在"自体验"中感悟"真学习"。

三、活动过程

学校优化活动设计、细化活动流程,深化活动实施、活化活动展示,引导学生伴着"Walking"的脚步"行中学"、"玩中学",初步形成对自我、社会和自然的整体认识,养成良好的生活、学习和交往习惯,提升综合素养,培养"上海未来小公民"。

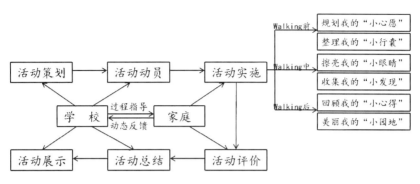

平阳小学"背上书包去 Walking"综合活动流程图

（一）整体策划、清晰流程,搭建"玩"与"学"的沟通桥梁。

学校由校长室牵头,开展"背上书包去 Walking"综合活动的整体设计策划。学校将活动指导"前置"于任务设计中,对应 Walking 前、Walking 中、Walking 后不同活动阶段,分别设计了"规划我的小心愿"与"整理我的小行囊"、"擦亮我的小眼睛"与"收集我的小发现"、"回顾我的小心得"与"美丽我的小园地"六个活动主题任务。并对活动的过程进行细化,明晰活动的步骤与学校、家庭的各自分工。活动实施前,学校德育室组织班主任老师们开展了活动的研讨,通过大队部向同学们发布了活动倡议,并通过主题宣讲、家长会的形式布置了活动要求,开展了充分的活动动员。以清晰的活动流程与实施步骤,指导孩子们通过"六个小任务"开展自主学习,引导家长们加强学习指导。

平阳小学"背上书包去 Walking"学习任务指引图

（二）家校联动、动态指导,优化"玩"中"学"的过程实施。

在"背上书包去 Walking"综合活动实施中,家长们给予了大力的支持,体现出了高涨的参与热情。依据学校的"活动指南",走出去、行起来,变身为了孩子们的"家长辅导员"。"大手牵小手"探秘于自然、拾趣于生活、体验于旅途,成为了孩子们旅行中的玩伴、学习时的伙伴。但是家长毕竟不是专业的教育工作者,在活动中往往较为关注具体实施过程的操作和具体学习成果的呈现。因而在活动过程中,学校不断加强动态管理,通过班主任牵手"家长辅导员",了解活动进程,分享活动案例,让家长们明晰每一个活动任务所承载的教育意义,在具体实施中所要注意的要点。通过动态反馈与过程指导,不断放大活动的过程,凸显"行中学、玩中学"的活动诉求,引导孩子们以游一游、学一学、吃一吃、讲一讲、探一探、写一写等生动活泼的形式不断丰富学习经历与学习体验。

（三）多元评价、集中展示,凸显"玩"为"学"的育人价值。

学校结合综合活动课程培养目标,设计了"懂礼仪、勤观察、守规则、乐沟通、有发现、会表达"六项可操作表现性评价标准。通过班主任引导家长开展融于"Walking 中"的互动即时表现性评价,每班再依据活动具体策划设计"特色勋章",激励孩子们在活动过程中,不断认识自己、表达自己、挑战自己。在"Walking 后"活动阶段,与孩子们一起整理"Walking 中"收集的"小发现"、获得的"小心得",通过粘贴票据、整理照片、手绘手册、书写心得、拍摄视频等方式记录活动轨迹,呈现活动成果,充实"学习手册"。

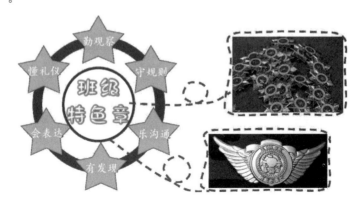

暑期开学后,学校及时总结活动成果。通过 Walking 公众平台、专题展板与班级版面对学生的课程学习成果加以展示。并组织开展专题总结会:邀请家长介绍陪伴孩子经历活动的过程;邀请教师推荐"我最喜爱的主题活动作品";邀请孩子漫谈活动趣事与收获;对活动中表现出色的同学们进行表彰。通过集中展示性评价与激励性评价,充分发挥评价的改进功能,促进综合活动课程的实施优化。

四、活动效果与反思

"背上书包去 Walking"综合活动的开展,为学生丰富的课程体验、充实的活动经历提供了广阔的空间与真实的情境。我们架起了学科之间的桥梁,引导学生围绕活动内容在"综合活动课程"学习中以游、学、吃、讲、探、写等生动活泼的形式经历多样化的学习,打破了"课堂中心"、"书本中心"的严密的知识体系,让丰富多彩的课外综合实践活动成为了促进儿童综合发展的教育活动起点与中心。

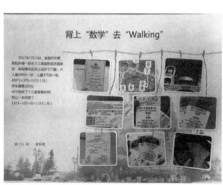

(一)着眼于"综合素养培育",发现"学习"有声有色。

"背上书包去 Walking"综合活动,紧扣"综合活动课程"学习非系统、非课程性的特征,以学生的兴趣指向和直接经验为基础,将学生的学习生活与社会生活密切联系。在活动策划与实施中,着眼于"未来上海小公民"综合素养培育,通过"六个小任务"的设计,解放学生的天性,将教师、家长的教育目光从"知识传递"引向"素养培育"。学生在实践、体验、探究等活动中获得了兴趣培育、习惯养成与社会交往的充分机会。活动有效激发了学生的好奇心和求知欲,让孩子们发现原来学习就在生活中,在

"我找到了"的不断惊喜中,挑战了自己、发展了能力,使"综合活动历程"成为了综合素养培育的有效载体。

(二) 着力于"活动经历丰富",体验"学习"有滋有味。

"背上书包去 Walking"综合活动着力于为学生提供丰富的活动经历。遵循儿童身心发展规律,让学生充分经历、自主体验、实践感悟、合作生成,以积极的心态参与活动,以个性的表现释放天性。鼓励学生用收集、制作、手绘、文字、表演等多种表达方式记录活动过程、展示活动成果,将活动足迹与成长留在"活动手册"上。关注学生在活动中的点滴变化和进步,并对自己在活动中的各种表现进行适当的评价与反思。鼓励学生彰显特长、展现个性,让每个不同的孩子找到适合他们的成长模式,实现自发、自主、自由的个性化成长。

(三) 着重于"方法策略引导",应用"学习"有模有样。

"背上书包去 Walking"综合活动着重于让孩子们经历多样化的学习方式,从而累积经验,习得学习的策略与方法。学生在"六个小任务"的完成过程中,初步经历了"Walking 前"规划路线、准备物品;"Walking 中"观察体验、记录发现;"Walking 后"回顾整理、总结反思的完整学习过程。以活动为载体,为学生提供真实、鲜活、直面生活的直接经验,激发了学生参与活动的兴趣和热情,鼓励学生以富有创意的成果来呈现各自独特的学习经历与体验。

江浙沪、北上广、自治区、东南亚、五大洲……留下了同学们探索的足迹、好奇的目光与创造的身影。同学们用脚步去测量世界之大,用眼睛去发现世界之彩,用心灵去感知人文之美……走在路上、行在途中,学习兴趣得到了激发、学习习惯得到了培养、学习能力得到了提升。

　　本案例的实施沟通了学科学习内容、拓宽了校园活动时空、更新了家校共育模式。但是在实践中我们发现由于活动的主导权下放到了家庭,因而体现出了活动过程与活动效果较大的差异性。

　　但是在实施过程中,我们也发现有的家长教育理念仍停留于"学业成果",对于综合活动课程的教育价值认识不足;有的家长忙于工作,孩子基本处于跟着老人"散养"模式。在后续实施优化进程中,仍然需要学校积极发挥教育的主导作用:通过系统培训、绩效奖励等方式提升教师的课程领导力,缩短班级与班级之间差距;通过班级的活动策划,积极辐射"家长辅导员"队伍的能量,缩短家庭与家庭之间的差异,从而真正把有意义的事情做好,点亮孩子们的童梦 Walking 之旅!

你好,小鸟

——《Walking in Shanghai》实践案例 4-2

平阳小学　曹文超

一、案例概述

　　大自然是孩子最好的老师,户外的植物园、花园、动物园是儿童教育的绝佳场所。在钢筋水泥的城市,在竞争激烈的大环境下,与大自然的亲密接触变得尤为难得和重要。依托学校特色课程《Walking in Shanghai》之"亲自然之旅",在阳光明媚的五月,平阳小学"向日葵谷"的孩子们来到了上海植物园(位于徐汇区西南部,前身为龙华苗圃,是一个以植物引种驯化和展示、园艺研究及科普教育为主的综合性植物园),举行了一次别开生面的《Walking in Shanghai》"亲自然之旅"实践活动,神奇而有趣的"探鸟之旅"就此拉开序幕!

通过在大自然中不影响鸟类正常活动的前提下,对鸟类生活行为的观察,了解鸟类与自然环境的关系以及人类与鸟的关系,培养孩子保护环境、保护野生动物的意识,让孩子们在丰富多彩的大自然中开阔眼界,在明媚的阳光、新鲜的空气、千变万化的自然景观中发现与探究包罗万象的科学知识,亲近自然、开拓眼界、强健体魄,在实践活动中丰富体验、健康成长。

二、活动背景

(一)设计意图

所谓"拿起望远镜,看到大世界",就是让学生不单单为参加活动而参加活动,而是在参与"Walking in Shanghai"活动的过程中去真实亲近大自然,了解生活在我们身边的鸟类及它们的一些简单习性。通过简单地做游戏、记录表单、制作观鸟手册来感悟人与自然的关系,愿意为保护环境、珍惜野生动物贡献出自己微薄的力量。我们设计此案例的目的就在于要引导儿童充分接触、感受生活,初步经历观察、猜想、探索、实验、劳动等过程,在交往中体验社会,在探索中认识自然,在实践中认识自我。

(二)设计目标

任何一个活动的设置,都要以目标为原则,此次案例设计的内容是在老师的指导下正确使用望远镜观察鸟类,并记录下观察情况,活动结束后制作观鸟手册。新基础理论的专家叶澜老师曾说过一堂好的课,学生上课前和上课后是不一样的。一个好的活动,我们也要力争学生参加完活动与参加前是不一样的。希望我们的孩子不单单是去参加一个"Walking in Shanghai"的活动,玩玩乐乐、嘻嘻哈哈就结束了。在游戏分组、观察鸟类、倾听讲解、制作手册的过程中发现问题、分析问题、解决问题是一个方面,感受活动带给自己的思考,体味活动背后的的"意义"才是最重要的。通过对鸟类生活行为的观察，了解鸟类与自然环境的关系以及人类与鸟的关系，培养他们保护环境、保护野生动物的意识，使孩子与大自然紧密联系起来。我想这才是此次活动最希望达成的目标。引导儿童充分接触、感受生活，初步经历观察、猜想、探索、实验、劳动等过程，在交往中体验社会，在探索中认识自然，在实践中认识自我。

三、活动过程

（一）猜一猜——我是谁

五月的植物园天气晴好，绿意盎然，到处是小鸟的鸣叫声。孩子们带着望远镜，一进入到植物园，便欢呼雀跃，跃跃欲试，对这些熟悉又陌生的小鸟充满了好奇。考虑到上海植物园的最佳观鸟期是日出后和日落前的两小时，同时也顾及到密集的人群和大声的喧哗会吓退它们，不利于观察。我们把人员分为上午场和下午场，每场 15 人，5 人一小组，配备一个老师。如何确定自己的组员呢，通过观察自己手边的鸟类图片，模仿它们的动作，找到自己的小伙伴。简简单单地寻找鸟类伙伴的游戏不仅让孩子和小鸟拉近的距离，也让自己找到了志同道合的活动伙伴。

（二）看一看——都有谁

观鸟活动前，指导教师对小组成员进行有关鸟类描述、鸟类识别、生活习性、观鸟的方式方法、注意事项等相关知识的培训,使学生熟练掌握相关知识。

在指导老师的带领下,孩子们在固定的观鸟地点或行进中进行观鸟,利用望远镜观察远处的鸟类,带有相机和摄像机的同学应将观察到的鸟类拍摄下来,带有小型录音机的同学录下鸟鸣声,并在观鸟记录中记下观察的情况。

孩子们平生第一次拿起了望远镜,兴奋地观察着各种小鸟。"快看,快看,那边有一只灰喜鹊,大家都别太靠近啦,要静悄悄地观察。我发现了一只珠颈斑鸠。珠颈斑鸠又名鸪鸟,脖子处像戴了一串珍珠项链,发出'gu-gu-gu'的叫声。这是一只什么鸟,好漂亮,让我比对比对观鸟手册。"

看着这一张张充满好奇心的小脸、一只只形态各异的小鸟,照片的背后呈现的是孩子对生活在我们身边的小鸟的喜爱,对大自然由衷的热爱。对于小学生来说,在好奇心的驱使下去学习、去习得某些知识,比课堂中老师的讲解、满堂的灌溉更有成效,也更有生命力。

(三)听一听——谁最棒

你知道世界上最凶猛的小鸟是什么吗?你知道乌鸦和乌鸫的区别吗?你知道鸟儿是不"撒尿"的吗?孩子们事先进行了有关鸟类描述、鸟类识别、生活习性、观鸟的方式方法、注意事项等相关知识的培训,又加上他们的亲自观察和亲身体验,孩子们对一些基础的鸟类知识有了一个大概的了解。接下来指导老师将为孩子们介绍一些有关鸟类的冷知识和令孩子们感兴趣的鸟类文化。同时，一一解答孩子们在观察过程中的疑问。

蒲公英老师告诉大家：鸟儿是不"撒尿"的。因为自身太重会不利于飞翔，所以它们的尿液和粪便是一起排出的。同学们在它们爱吃的果树下，果然发现了很多白色的粪便~~~

我们通过创设真实的学习情境，鼓励儿童在情境中发现问题，在合作互动中多视角看待和分析问题，呵护儿童的发散性思考，支持儿童形成富有创意的成果。尊重儿童在身心发展速度、特点和需要等方面的个体差异，关注儿童在活动过程中表现出来的不同兴趣和能力，给予针对性地支持与指导，注重对儿童在原有水平上的发展。

（四）做一做——谁都行

上海植物园提供的观鸟手册实在是太精彩了，一张张精美的图片，一段段生动活泼的文字介绍，让人忍不住要把它带回家。活动结束后，向日葵谷的孩子们决定一起动手做一本属于自己的观鸟手册，这个主意真是太棒了！来看看我们的成果吧！有的孩子以思维导图的形式呈现了今天活动观察到的鸟类；有的孩子整合活动和学科要素，把英语学科中学到的问候语和鸟类图片完美地结合在一起；有的则积累了和"鸟"字有关的成语及古诗。

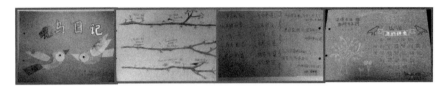

（五）挑战达人

以往的活动,我们到了上面一步就结束了,很多学生失去了反思自己在活动过程中的得与失,以促进和改善自己下一次活动的能力。所以我们在最后的环节引入了"挑战达人"的评选,以小组为单位,从三个维度去考量,第一个是对参与度的考量,第二个是对参与过程的评判,第三个是对参与中知识掌握的评价。在对优秀作品的评选中,感受他人提问的能力、分析问题和解决问题的能力,进一步优化自己的行为。

"挑战达人"评分标准

表现	一级表现	二级表现	三级表现	四级表现
情感与态度	活动兴趣浓厚,整个活动过程积极主动,能与他人很好地合作,沟通顺畅,有成功感。	活动兴趣一般,整个活动过程积极主动,能与他人较好地合作,沟通较顺畅,较有成功感。	活动兴趣较低,但能参与整个活动过程,能与他人合作及沟通。	不愿参与活动。
过程与方法	目标明确,活动步骤清晰、表达有条理,能加入自己的想法。	目标明确,活动步骤清晰、表达有条理。	有目标,活动步骤清晰,表达有不当之处。	没有目标,活动步骤不明确,表达不流畅。
知识与技能	能正确描述和识别5—6种鸟类,熟知它们的生活习性。了解观鸟的方法、方式、注意事项。	能比较正确描述和识别3—4种鸟类、了解它们的生活习性。比较了解观鸟的方法、方式、注意事项。	能基本正确描述和识别1—2种鸟类、了解它们的生活习性。基本了解观鸟的方法、方式、注意事项。	不能正确描述和识别1—2种鸟类、不了解它们的生活习性。不了解观鸟的方法、方式、注意事项。

四、活动成效与反思

从本次活动的总体表现来看,其具有两个特点:一、活动设计上简单有趣,又符合孩子的年龄特点、兴趣特点及能力基础。春暖花开,又置身于大自然的环境中,学生和家长对这样近距离观察小鸟的活动表现出极大的兴趣,参与的积极性也非常高。二是在完成任务的过程中,孩子们的沟通表达能力、倾听能力和提出问题、分析问题、解决问题的能力得到了一定的锻炼,同时也呈现出比较大的的个体差异。

(一)"好奇心"是自主探究的起点

一年级的孩子天生就对大自然,对他们熟悉的鸟类充满了好奇心。当他们一个个拿起望远镜去探寻一只只小鸟,去观察他们的动作、他们的进食、他们的外形本身就是一件令人兴奋的事情。如果他们观察的结果与他们事先的知识储备相吻合,这将大大激励他们进一步学习的动机。观察中的种种不解和困惑,利用身边观鸟手册,倾听老师的讲解,获得答案的那一刻,也是他们最兴奋、最开心的一刻。这个时候习得的新知,也最容易内化为他们的知识储备。

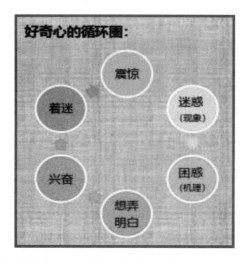

无论是语数外学科知识的学习或者是其他主题式综合活动,教师都应该有意识地利用孩子们的好奇心,让他们带着这颗魔法的种子在知识的海洋中遨游,让他们不断吸收新的营养。

(二)"跨学科"是自主学习的支点

在观鸟手册的成果展示集中,我们可以看到有的孩子利用思维导图的形式呈现了今天观察到的鸟类,对上海植物园的常见小鸟进行了梳理。有的孩子在图配文的过程中,呈现一年级所学到的英语问候语,不知不觉间夯实了语用能力。有的孩子主动查阅资料,呈现了含有"鸟"字成语和古诗,提升了语文的素养。孩子们自制的观鸟手册融合了多门学科的知识,这些知识融合在一起,为孩子高效学习提供了路径。跨学科的资源整合不是简单的资源拼盘,而是在回答问题、解决问题、处理问题的过程中以学科为依托,以整合见解、构建更全面认识为目的的行动。而主题式综合活动为跨学科的资源整合、高效学习提供了绝佳的场所和途径。

(三)"内驱力"是自主发展的力点

活动结束后,给我印象最深的是孩子们在大自然的情境中收获了很多快乐,也习得了很多关于鸟类的知识。但是活动前的准备、活动中期的问题解决、活动后期成果展示,家长们的参与度比较高,往往孩子们进行自己的思考和创作时,家长们就迫不及待地把标准答案"端"上来了。部分孩子就会跟着大人们的思路一步一步往前走,这对他们能力的培养太过有限了。虽然他们年纪尚小,但是可以通过简单的任务单,来让他们对整个活动过程有个简单而又清晰的了解,也就是让孩子尝试去跳一跳,摘取稍微有点难度的果子,让他们学会用自己的知识、自己的思考去分析和解决问题。

三、"平阳里"的师生成长故事

走出"平阳里",走遍大上海,孩子们与哪些有趣的事物邂逅?又发生了哪些关乎师生共同成长的动人故事?

平阳故事4-1 走进鲁迅纪念馆,做新时代好少年

学党史,读鲁迅,争做新时代好少年

2021年是中国共产党建党100周年,音符谷的小队员们在"喜迎建党100周年"的活动中,积极了解党史,缅怀革命先烈,争做新时代好少年。

电影《1921》、《革命者》、电视剧《觉醒年代》等一系列革命历史题材的

影片，自播出以来好评如潮，也让我们的小队员们对毛泽东、周恩来、陈独秀、李大钊、鲁迅等革命先驱者们深入了解，那一个个鲜活的革命者们的呐喊声振聋发聩，将"复兴中华、振兴中华"的伟大使命植入心中，积极践行"少年强则中国强"。在电视剧《觉醒年代》中，极具个性的鲁迅先生圈了不少粉。2021年6月27日上午，音符谷的小队员们来到位于上海虹口区的鲁迅纪念馆和鲁迅故居参观。

上海鲁迅纪念馆是新中国成立后第一家人物类纪念馆，是全国爱国主义教育基地、国家一级博物馆，同时管理全国重点文物保护单位"鲁迅墓"和上海市文物保护单位"鲁迅故居"。

纪念馆新馆既保留原二层庭院式的江南民居风格的建筑特色，粉墙、黛瓦、花岗石墙裙，造型简洁、朴实、雅致，同时又融入了现代博物馆的功能。鲁迅先生1927年10月从广州来到上海，到1936年10月19日逝世，在上海整整生活了九年。山阴路132弄9号是鲁迅在上海最后的寓所。鲁迅在这里先后写作与编选了小说《故事新编》和《伪自由书》《南腔北调集》《且介亭杂文》等7本杂文集，翻译了《死魂灵》等4本外国文学作品，编印出版了《木刻纪程》等中外版画，编校出版了瞿秋白的译文集《海上述林》上下卷，还在这里掩护过瞿秋白、冯雪峰等共产党人。

鲁迅原名周樟寿，后改名周树人，浙江绍兴人。著名文学家、思想家、革命家、教育家、民主战士，新文化运动的重要参与者，中国现代文学的奠基人之一。"鲁迅"，是其在1918年发表《狂人日记》时所用的笔名，也是最为广泛的笔名。鲁迅以笔代戈,战斗一生,被誉为"民族魂"。毛泽东曾评价:"鲁迅的方向,就是中华民族新文化的方向。"

鲁迅一生在文学创作、文学批评、思想研究等多个领域具有重大贡献。他对于五四运动以后的中国社会思想文化发展具有重大影响,蜚声世界文坛。看着这条长长的过道两侧墙上的鲁迅作品展示,小队员们不禁赞叹"鲁迅被称为文学巨匠果然是名不虚传啊!"

鲁迅纪念馆里的场景再现和音频资料,还原了鲁迅在日本求学和在与青年学子探讨等场景,音容笑貌如在眼前。

八七会议,伟大的历史转折

适逢由上海鲁迅纪念馆正在展出"伟大的历史转折——八七会议"展在上海鲁迅纪念馆开幕,小队员们在老师的讲解下,认真观展,对八七会议这段历史有了更深刻的了解。

"八七会议"总结了大革命失败的经验教训,坚决纠正和结束了陈独

秀的右倾机会主义错误,撤销了他的总书记职务。会议确定以土地革命和以武装反抗国民党反动派的屠杀政策为党在新时期的总方针,就国共两党关系、土地革命、武装斗争等问题进行了讨论,选举产生了新的党中央领导机构,并把发动农民举行秋收起义作为党在当时的最主要任务。这次会议挽救了革命,挽救了党,是中国革命由大革命失败到土地革命战争兴起的历史性转变的标志。

文豪广场在上海鲁迅公园的鲁迅纪念馆正门的右前方,再往前一二百米就是鲁迅公园四川北路大门。高大的法国梧桐树,荫蔽着世界文豪广场。金秋季节,梧桐树片片金黄的落叶飘落在地上,踩在脚下,发出沙沙碎响。午后的阳光,透过梧桐叶,在地上洒下斑驳的光点,为广场添了几分秋的恬静,还有几分异国情调。

早上在等候小队员期间,家长带着小队员讲述起了普希金、托尔斯泰、狄更斯、歌德、巴尔扎克、莎士比亚、但丁、雨果、泰戈尔和高尔基的故事。他们或坐或站,有的捧卷沉思,有的执笔挥毫,形象生动,同时也与鲁迅像遥相呼应。中外文豪齐聚一堂,鲁迅先生终于又有先贤相伴。

平阳故事4-2　走进家门口点心店,超越一般小吃货

五月的上海,气候宜人。这正是一年中最清爽、最生机、最美丽的季节,嫩枝舒展,新叶舞动,雏燕展翅,彩蝶双飞。我们二(4)班七色花谷的同学们,在5月9日母亲节这天一起来到家门口的中庚漫游城和南方商城,进行了一次老上海小吃和点心的体验探究活动。

　　我们以美食品尝比较为主,结合开放式定向游戏为辅,作为活动的开展形式,为同学们提供了美食活动的任务介绍和定向地图,引导同学们在玩中学、在玩中感悟。活动以"探索＋游戏"的形式使孩子全方位了解我们家门口的老上海点心,了解我们及长辈从小吃到大的家常小吃和点心,通过和现在流行的网红小吃对比,从而引申出对孩子们家国情怀的教育。

　　初夏的午后太阳已经有些热了。同学们在草坪上的遮阳处通力合作,拼出了任务图。图片长卷上涵盖了当天要去探究的各个老上海美食店以及众多老上海传统美食的介绍,其中更有一个隐藏任务等待同学们去发现。

　　我们今天的口号是"排骨年糕"。我们在草坪上合影,然后一起查看任务地图和需要完成的探究报告。我们打卡了光明邨大酒家,光明邨大酒家是淮海路上的老字号名店;打卡了大富贵酒楼,上海大富贵酒楼是一家中华老字号的酒楼,始于光绪七年。小朋友们也发现了隐藏任务。隐藏任务是在小朋友们完成对两家老字号中式点心店的打卡后,找出地图上的两家老牌西式点心店。在品尝过中式和西式改良的点心后,可以对各种不同风格类型的老字号点心有更直观的比对和了解。

隐藏任务 1:探访红宝石糕点点心店

红宝石糕点点心店成立于 1986 年,是和爸爸妈妈差不多大的一家中生代点心店。

隐藏任务 2:探访上海哈尔滨食品厂

上海哈尔滨食品厂是创办于 1936 年的老字号西式点心店,关于它的名字还有一个故事呢。还有小组发现了一家做传统沪式点心的新店。大家迫不及待地想去品尝味道正宗不正宗了。

填写答卷

在活动的同时,同学们也没有忘记根据问卷上的问题随时填写答卷。

探究问卷

我们的探究问卷里有不少问题,我们挑了几个问题,来看看小朋友们五花八门又让人若有所思的回答吧。

问题 1:你能说出你平时喜欢吃的小点心和小吃的名字吗?

魏严子灵:小笼包,油条,八宝粥。

邓宇岑:蝴蝶酥,汤包。

姚奕霖:锅贴,月饼。

问题 2:你的爸爸妈妈,爷爷奶奶最喜欢的点心和你现在最喜欢的点心是同一款? 如果不是的话,你觉得是什么原因呢?

陈书麟:我爸爸、妈妈、爷爷、奶奶最喜欢的点心和我最喜欢的是同一款。

左若妍：不是同一款，因为我不喜欢吃甜的，爷爷、奶奶喜欢吃蛋糕。

钱语欣：不是同一款，因为我喜欢西式点心，而爸爸妈妈喜欢吃老上海的传统点心。那是他们小时候经常吃的点心。

问题3：你学到了哪些关于点心的知识？

张卓然：每一个小点心看起来都很小巧，可是都需要每个糕点师精心的制作，才能品尝到这么好吃的点心。

谢文琦：我学到了很多关于老上海食物的名称。

丁灏：我学到了关于西点点心的知识。

左若妍：点心是以粮、糖、油、蛋为主要原料，经过调制加工、熟制加工而成的。

问题4：你有找到哪些爸爸妈妈年代最火的西点点心吗？它们和你今天吃到的传统点心有什么不同呢？

沈毅香：爸爸妈妈年代最爱的点心是马卡龙。和我今天吃到的小笼包的区别是小笼包汁多，但是马卡龙没那么多。

黄韵超：我找到了激凌筒。我觉得传统点心比西式点心甜。

蔡子轩：爸爸喜欢的是面包，他们那时只有面包。

问题5：作为一座海派移民城市，上海的家常点心也一直在推陈出新，不断有新的点心品种问世，同时很多老款点心也依然受欢迎。对此你有什么感悟吗？

邓宇岑：如果一家商店一直不出我们喜欢的点心，就会破产。

汪思思：我觉得新的点心好吃。

陈思怡：我觉得老点心和新点心都好吃。我们要继续把老点心传承下去,也要做出更好吃的点心。

钱语欣:那些糕点师傅会把现在人们喜欢的口味和以前人们喜欢的口味结合起来,做成一种新点心。比如咸蛋黄口味的青团,就很受大家欢迎。

收获与总结

确实,对于点心与美食,每个人的口味都不同,有人喜欢甜的,也有人喜欢咸的。同时呢,因为上海的各种小吃也在不停地推陈出新,我们和我们长辈成长的年代不同,虽然很多传统小吃始终很受欢迎,但每个年代流行的小吃多少也会有些不同。

作为一座海派移民城市,上海的家常点心也一直在推陈出新,不断有新的点心品种问世,同时很多老款点心也依然受欢迎。所以这些点心不论从制作工艺和用料,到口味,包括他们的历史背景,也都是各不相同的。

活动结束后,小朋友们在草坪上分享获得的奖品。

平阳故事4-3　走进航宇科普中心,体验我的飞天梦想

在一个阳光明媚的午后,平阳小学一(3)班学生的 Walking in Shanghai 之旅又开始啦!这一次他们的目的地是上海航宇科普中心。

换好制服,戴好口罩,准备好了吗? 每一位小朋友都兴致勃勃,看来大家都对今天的活动很期待。都准备好了,就出发吧! 相信今天的活动一定很有趣。

首先,来参观大飞机,并听讲解员向大家讲述航空知识。

快来快来,看玻璃展柜中央的大飞机,是不是很感兴趣?可以坐到飞机模型里面去听讲解,都仔细听,能学到许多知识,最后还可以和大飞机合影。户外参观后还有科普馆内的参观,慢慢看,内容绝对精彩。

随后,大家一起来做飞机模型。

快来体验 DIY 的乐趣吧,工作人员手把手教同学们做飞机模型,每个小细节都要注意,因为小细节决定成败。最后大家的成果也会做比较,加油吧!

除了实物的参观与模型的制作以外,还可以一起看电影。

一场 3D 电影为大家开启新的征程,想去外太空看看吗?乖乖在座位上坐好,戴上眼镜就可以了。先来望远镜前好好观测,再登上我们的飞行器,旅行要开始了。

最后就是放飞纸飞机了。

"一、二、三——",你准备好了吗?

"预备,起飞——"

小朋友们排成一排,把手中的飞机远远地抛向远方,像是把梦放飞在了天际。

漂亮的纸飞机在空中划过优美的弧线,快乐就是这么简单。

瞧,那个飞机飞得最远,长得也很漂亮,是哪个小朋友的呢?

纸飞机比赛会决出一等奖、二等奖、三等奖三个奖项,大家的飞机都很远,最终的大奖会花落谁家呢?让我们来看看一二三等奖到底是谁?

本次参观上海航宇科普中心活动圆满结束,大家都玩得很开心,也增长了航天知识,给活动赋予积极意义。希望大家的梦想就像自己放飞的飞机一样能在高空中闪耀。

平阳故事4-4:勤于劳动心向党,假期撸袖"暑"我强

2019年11月26日审议通过的《关于全面加强新时代大中小学劳动教育的意见》,强调要把劳动教育纳入人才培养全过程,通过促进同学们形成正确的世界观、人生观、价值观。

2020年,习近平主席也在会议中强调,"中华民族是勤于劳动,善于创造的民族",要在学生中弘扬劳动精神,教育引导学生崇尚劳动、尊重劳动,懂得劳动最光荣、最崇高、高伟大、最美丽的道理。

2021年的暑假,根据"撸袖侠联盟"主题式综合实践活动手册的要求,平阳小学的同学们积极开展了"承包一个劳动岗位,学会一项劳动技能,开展一次服务他人的'公益劳动',树立'自己动手,丰衣足食'的自信自豪,传承红色基因,争做时代新人!"的活动。下面,让我们一起来看看二年级(5)班青蛙谷小朋友们的精彩汇报。

两个月的暑假匆匆过去,我们青蛙谷的小小撸袖侠们都在劳动中付出了汗水,收获了成长,也充分体会到"把一件简单的事做好就是不简单,把一件平凡的事做好就是不平凡。"

劳动改造人,热爱劳动是中华民族的传统美德,也是修身、齐家和治国的基础。进入新时代,我们要坚持树立正确的劳动价值观,弘扬勤劳美德,传承红色基因,争做新时代的好少年。

平阳故事 4-5   走进上海沪剧院,相约上海好声音

当 Walking in Shanghai 遇见海派文化,

当"小苹果们"走进上海沪剧院,

让我们一起倾听"上海的声音"。

2017 年 12 月 3 日 7:45 淮海中路 1889 号,我和沪剧有个约会!

学上海方言,明海派礼仪。

玩弄堂游戏,唱沪语童谣。

看上海沪剧,悟传统文化。

修都市气质,留童年回忆。

古色古香的飞檐,

大门旁镶嵌的对联。

凸显老上海的气派，青砖而砌的墙上，挂着老一辈沪剧表演艺术家的生活照及历年来演出的经典剧照。桌椅上，雕刻着细致的花纹，处处流转着大上海的旧时光、旧风情，典雅而精致。这次活动我们有幸邀请林金杰老师带领孩子们与沪剧来个亲密接触。

沪剧作为海派艺术的瑰宝上海优秀地域文化的代表，

是弥足珍贵的艺术遗产。

让我们跟随历史的脚步，

说一说那些朗朗上口的沪语童谣，

唱一唱优美的沪语小调，

演一演经典的沪剧桥段，

玩一玩老上海弄堂里那些童趣盎然的游戏。

这一时刻，同学们仿佛回到了上海老弄堂，寻觅着老上海的痕迹，体会着老上海的风情与经典。

炒黄豆

炒黄豆，炒黄豆，

炒好黄豆炒青豆。

炒青豆，炒青豆，

炒好青豆翻跟斗。

我们是一个团结友爱，活泼上进，充满活力的班集体；

我们是海派文化的继承人，我们一起享受这荣誉时刻。

沪剧作为海派文化的代表性剧种，承载着上海这座城市的风土人情、文化根脉和历史记忆，希望通过此次活动，孩子们能喜欢上沪语，将"上海的声音"传承下去并发扬光大。生动的课堂体验结束，同学们在"红苹果谷"特制的明信片上记录着此刻的心情,诉说着此刻的心声。

林金杰老师在活动手册和明信片上为学校及同学们写上美好的祝愿及真诚的赠言。有一个神圣的使命即将在 2018 年拉开帷幕,小苹果们敬请期待!

小小的明信片,

承载着满满的美好。

同学们手捧着这份记忆,

寄出此刻的心情。

想像着等待这份美好的自己,

是那么迫不及待,

或激动或兴奋,

慢慢地,慢慢地,即使时光一去不再,

那些记忆的碎片还存留在 2017 年 12 月 3 日。

你们是否理解明信片存在的意义，

是传递那一份份的想念和回忆，

是纪念那值得永远珍藏的情感。

轻轻地，轻轻地，为你们印上这份荣耀，

当你们打开每一个清晨，

我会像阳光一样陪你。

你们是否知道在我心里，

你们聪颖，你们善良，你们活泼。

期待着你们褪去稚气，

换上成熟和成长的翅膀，

向梦想的彼岸努力飞翔。

第五章
寻她千百度：平阳课程迭代

海派文化课程建设之旅来到了 2018 年，在师生和家长协同游遍上海之后，又有什么新发现？又找到了哪些新起点？还将共同谱写怎样的新篇章？

一、从海派木创走向五育融合

当"海派木创"与 STEM＋"牵手"，随后得到劳动教育"加持"，最终又进入"五育融合"场域，成为创意实践"担当"。这样的一种发生发展过程及其效果，都是值得期待的。

（一）缘起：从"海派木创"的实践撬动对"五育融合"的深度思索

上海，是一座文化底蕴深厚的城市，它的海派木制建筑、家具更传承着中华文明千年智慧的结晶。2018 年 9 月，"海派木创 STEM＋"课程在平阳小学落地开花。这一课程旨在立足于先人的技艺与智慧，引导孩子关注对艺术的探索、对科学的实践、对自然的尊重以及海派文化的传承。"海派木创 STEM＋"课程涉及木工、数学、工程、艺术学等众多领域,以孩子动手制作木工作品为基础,满足他们的多元学习兴趣。

自 2018 年以来,本区、本市外区,甚至来自辽宁大连、香港等全国各地的学校先后来到平阳小学,走进"海派木创 STEM＋"课程现场,沉浸于"平实阳光"的校园文化氛围,沉醉于"海派文化"的特色课程体验,感悟"申城"的文化魅力以及"Walking"的学习热力。2021 年 3 月 24 日,"Creative Carpenter——'指向学生综合素养培育的木创类课程设计与实施'教师研修工作坊"在平阳小学木创教室顺利举行了首次活动,拉开了研修工作坊长程学习的序幕,"海派木创 STEM＋"的辐射作用日益凸显。

特色课程的发展,能够带动学校整体教学品质的提升;学校的经验分享,更可以促进区域内协同机制的形成。经过长期实践探索,我校在课程体系的构建方面已有了一定的经验,但还有待进一步凝练总结。通过课程实践,平阳小学的课程团队意识到:在深化教育改革背景下,"海派木创 STEM＋"课程正是基于五育融合的理念,关注学生的多元发展需求,培养学生的工匠精神,提高学生的综合素质。因此,用五育融合理念引领"海派木创 STEM＋"课程是顺势而为和长足发展的必然选择。

(二) 迭变:从"五育融合"的理念,到具有平阳特色的课程实践

从 2018 年开始,我校开始注重劳动教育问题以及德智体美劳五育之间的关系,在校本课程开发中有意识地进行了一些尝试,如前所述学校对"海派木创"的引进与探索。随后,中共中央、国务院印发的《中国教育现代化 2035》《关于深化教育教学改革全面提高义务教育质量的意见》等

一系列纲领性文件明确要求，坚持五育并举，全面发展素质教育，努力构建德智体美劳全面发展的教育体系。五育并举既是党的教育方针的具体载体，又是学校教育的具体任务。在五育并举的前提下，五育融合的提出，既是一种育人理念，也是一种新的育人思维。五育融合与五育并举的涵义并不相同，"并举"强调的是五育的整体性，指的是不能缺失对任何一育的重视；而"融合"的是指熔成或如熔化那样，把几种不同的事物融成一体。融合的过程，就是实践五育的过程，它强调的是对管理机制、课程建设、教育生态的多方面重构。学校发展除了关注五育融合理念，更需要探究的是五育融合的实践机制。

理念的落地离不开课程的构建与实施，正是基于对办学理念的认识和对新时代人才培养的系统性思考，平阳小学始终在不断探索、研究并构建学生和社会需要的课程。"未来上海小公民"必须正确处理放眼世界与立足本土的关系。因此，学校立足"悦纳·融合"的海派文化内涵，从文化中、从校情中，孕育课程的发端，致力于本土资源的开发与重塑，城市精神的培育与弘扬。近年间，学校充分挖掘本土文化教育资源，相继开发了"海派文化"系列校本课程，以"海派文化"系列校本课程为核心，建构了清晰完整的校本课程育人体系，并基于校本特色对综合实践活动课程进行重组、重构，从而实现"阳光课程"的"迭代更新"，凸显"特色课程"的"溢出效应"。

2020年，在五育融合背景下，平阳小学开展了小学综合实践活动课程的构建与实施研究，重在研究如何让五育融合在小学综合实践课程建设中落地，通过教育资源的融合和教育生态中各类教育主体力量的融合，来保障课程实践过程中五育融合的实效。2020年1月17日，平阳小学举行了"五育并进"实践研究项目启动会，回顾了以"五育"为设计框架的"撸袖侠"联盟，确立了引导学生开展"主题式综合实践活动"课程体验的思路。会上，我校聘请杨小微和徐冬青教授作为"五育并进"实践研究组的指导专家，助力"五育并进"项目的实践研究，使之更好地融合学校"平实·阳光"的办学理念，建设成更具"平阳味"的课程，更具生机活力的课

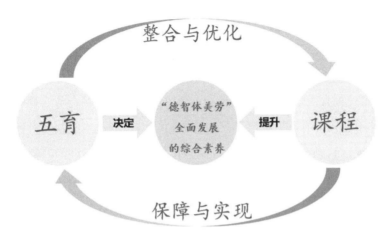

图 5-1 五育与综合实践活动课程关系图

程,更有成长空间的课程。

五育融合的理念决定了素养的内核,而课程的架构与实施最终也是为了实现素养的提升。因此,在五育融合背景下谈课程建构,首先需要从五育的角度对课程目标进行解析。从国家教育部对学生发展核心素养的解读中可以看到,要培养一个全面发展的人,需要从自我、社会、文化三个层面出发,对求知能力、身心健康、社会责任这三方面都提出了要求。此处虽然没有出现五育的字眼,但毫无疑问,它与五育的理念是不相悖的,甚至是紧密结合并强烈呼应的。德育使人拥有责任感,劳育让这份信念不只是"空中楼阁",学生在智育和美育中获得学习的经历和能力,在体育中保障健康。

在遵循儿童身心发展规律的前提下,平阳小学对五育背景下的核心素养进行了更细化、个性化的解读。我们将育人的总目标定为培育"德智体美劳"全面发展的"平实·阳光"小公民综合素养。"平实·阳光"不仅是我们的校训,也是我们的愿景。"以平实的心,成就阳光的你",是我们一贯的办学理念与教育诉求,平阳小学在育人总目标下确定了三个子目标:育阳光心态、学平实技能、当合格公民。这是对国家育人理念的响应,也清晰地指向了五育理念的落实。育阳光心态需要德育的"润物细无声",学平实技能离不开智育与劳育的实践,体育决定

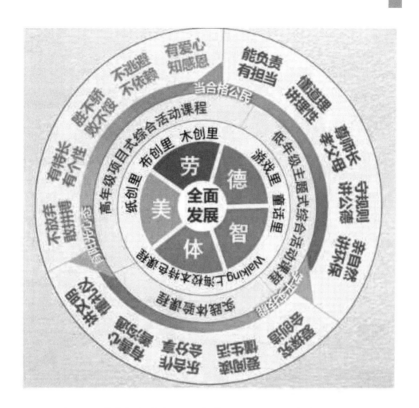

图5-2 "德智体美劳"全面发展的小公民综合素养示意图

了一个人的身体能走到的高度，美育决定了一个人的精神能走到的深度。

除了原有国家学科基础课程以外，我校相继开发了"海派文化"系列校本课程，建构了清晰完整的校本课程育人体系。如今又融入"上海市小学低年级主题式综合活动课程"与《Walking in Shanghai》校本特色课程的建设成果，重组、重构小学综合实践活动课程。它包括综合活动课程及实践体验课程，低年级以主题式综合活动课程为主，高年级以项目式综合活动课程的形式开展综合实践活动课程，以游戏、纸艺、木创、戏剧等活动课程为载体，不仅作为基础课程的补充性课程，更能够培养学生的个性素养，使学生在玩中学、在学中创；同时，借助我校特色"walking in Shanghai"系列课程开展实践体验课程，不仅是将校本课程精品化的具体体现，更能够助学生在"行"中体验生成。

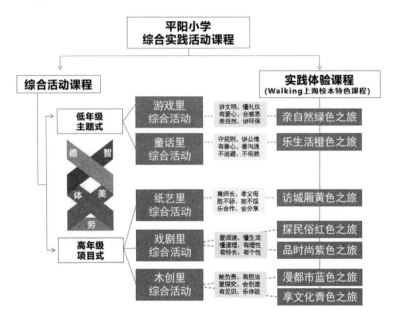

图 5-3　平阳小学综合实践活动课程概念图

（三）践行：从"五育融合"出发的"四类课程目标"

从"海派木创 STEM+"课程到"五育融合"背景下整个综合实践活动课程体系的构建,基于"玩中学,学中创"的课程建设宗旨,我校确立了如下课程目标：

从育人目标层面而言,创建蕴五育内涵的目标。以育人目标构建与实施五育融合的小学综合实践活动课程,在五育融合的课程中丰富学生的课程体验和学习经历,让课程成为促进学生德智体美劳全面发展的起点与中心,激励学生不断蜕变成长,成为平实、阳光的小公民。

从课程发展层面而言,构建富五育味道的课程。有效融合上海市小学低年级主题式综合活动课程与《Walking in Shanghai》校本特色课程的建设成果,积极构建具备学校特色的综合实践活动课程,探索课程实施的路径与策略。整合、调整与完善学校"阳光课程"体系建设,促进学校课程建设的"迭代更新"。

从队伍建设层面而言,建设具五育意识的团队。以"大概念"教学、"项目化"学习为理论引擎,引领教师在新课程环境下更新课程理念。借助"伙伴合作"、"项目驱动",开展综合实践课程实践,创造性的开发课程、执行课程与建构课程,提升教师的课程领导力。

从丰富体验层面而言,创造跨五育领域的经历。打破"课堂中心"、"书本中心"严密的知识体系、分门别类的学科界限。融合各学科课程学习,引领学生"玩中学,学中创",从身边"大世界"中发现"真问题",促进其观察与感知、感悟与表达、发现与思考、实践与创造,进而凸显综合实践活动课程学习实践性、综合性、开放性的特征。

二、小学低年级主题式综合实践活动的思与行

2017 年,"小学低年级主题式综合活动课程"遇见了校本课程"Walking in Shanghai",从此开启了一段新的旅程。四年里,课程团队在不断解读、整合、实践、创新和完善中,将"Walking in Shanghai"低年级主题式综合活动课程变成了学生喜欢的好玩课程。

(一) 承"海派系列"资源,孕"校本课程"引力

2017 学年第二学期,学校向一二年级推出了市统一的综合活动课程。一开始,课程教学的游戏性、趣味性吸引了学生的目光,他们玩得兴致盎然。两个月后,学生参与活动的积极性不再高涨,究其原因是这些活动相对独立,没有打破学科壁垒进行课程融合,也没有更好地体现"低年级主题式综合活动课程"的主题性、综合性和体验性。

面对问题,课程团队思考:能不能尝试借助校本课程"Walking in Shanghai"设计活动和活动任务? 能不能突破课程空间,打破课堂局限,让课程变得既有趣又生动? 能不能让学生不仅觉得课程"好玩",而且在

"玩"中主动出击,发现真问题?

鉴于此,课程团队多次走进莘庄幼儿园,在幼小衔接的背景分析中精准找出综合活动课程实施的基础与瓶颈;在多次学习与解读《上海市小学低年级主题式综合活动课程指导纲要(征求意见稿)》中形成课程理念的共识;在多次聆听专家的见解后,不断挖掘"Walking in Shanghai"校本课程中好玩的课程资源,明确课程的育人目标,优化课程实施的路径,最终从学生的"玩、问、做"出发,构建了"Walking in Shanghai"主题式综合活动课程。

课程以"平实·阳光小公民"综合素养培育为育人目标,以"玩中学,学中创"为宗旨,促使学生获得多种经验的连续与协调发展。随着课程的实施,鲜活好玩的活动不仅使学生在亲近生活、观察生活、体验生活中获得真实、鲜活的第一手经验,更是锻炼了提出问题、分析问题和解决问题及与同伴合作、分享、表达、表现的能力。校本化创意在为学生的多样化体验和自主发展提供平台的同时,也引发了课程团队更深入地思考:在主题式综合活动课程里,我们该如何创造师生一起面对客观世界,寻求学习深度的新课堂文化,使之成为与学生成长相伴相生的生命印记? 2021年,课程团队遵循儿童立场,对课程进行二次校本化解读善与迭代升级,从而形成了更适合低年级学生的"Walking in Shanghai"主题式综合活动课2.0版。真实的学习环境让学生在亲历观察、猜想、探索、实验等过程中自主学习与构建,最终形成富有创意的成果。

(二) 创"真实情境"体验,蓄"主题课程"张力

在主题式综合活动中,团队教师紧紧跟随学生的脚步,立足校本开展实践活动,以欣赏的眼光关注学生学习与发展的整体性,采取适合学生发展的方式,让学习变得更有趣、更真实,让玩变得更有意义。

1. 创玩:创设"玩"之主题活动空间

儿童是自己的创造者,他们的自我创造能力在与主题环境的相互作

用中不断形成。因此,最好的课堂应该让孩子自己去探寻、去观察、去倾听、去思考,最后形成自己的经验,体会收获的乐趣。如在"童话里 Walking——永不消逝的电波"活动中,我们除了带领学生走访了位于黄渡路上的李白烈士故居,更是将"平阳书局"、"外滩"、"复兴公园"等元素融入校园环境中,将谍战的紧张悬念贯穿每个活动任务里,引导着孩子在"乔装打扮取情报"、"破译情报送李白"和"发送电报庆胜利"的体验过程中去了解党、热爱党、拥护党、做党的"红孩子"。又如"游戏里 Walking——小眼睛玩转趣乐园"活动中,学生在"奥妙的眼睛科普馆"里发现近视的问题,学习视觉健康知识,体验眼视光的神奇世界;在"视力趣乐园"里通过观察、讨论、游戏、绘画、运动等形式了解眼睛的重要,学会爱眼护眼的方法,养成良好的生活习惯。在以儿童视角创设的主题活动空间里,师生共情卷入。老师敏锐地判断着其中的学习价值,支持学生用自己的方式探索,根据学生的需要调整学习环境,提供具有挑战性的素材;学生在玩中发现,在玩中感知,在玩中创造,在玩中成长。

2. 创学:创建"学"之自主学习氛围

学生的学习不是靠教师的"教",而是从体验世界开始,继而逐步地认识世界、发现世界,最终形成关于世界的基本图式。因此,在主题式综合活动课程里,教师应充分相信学生的创造力,呵护学生的发散性思考,注重学生自主学习的构建。如"童话里 Walking——欢乐谷探险记"活动中,学生在游玩欢乐谷时,发现运动的物体会留下漂亮的痕迹:过山车留下的是上下起伏的 S 型弧线,高速弹射从高空急速降落留下的是垂直的竖线;大摆锤以每小时 110 公里的速度左右摇摆的弧线;飞旋驼峰像失重的陀螺一样旋转留下了一个个圆圈……这些漂亮的"痕迹"在我们身边是否也存在呢? 寻找生活中物体的运动方式开始了! 自行车行驶时车轮的运动方式就是滚动;滑滑梯时我们的运动方式是滑动;风车转动时的运动方式是转动;荡秋千时我们的运动方式是摆动;弹吉他时琴弦拨动后的运动方式是振动等等。学生在探索中明白:原来物体的运动有这么多的方式,会留下这么多漂亮的痕迹,同时也深刻体会到生活中一个复杂的机械运动可能还包含着一种以上的简单运动。于是,学生在课堂上用手球创编"球球过山洞"的游戏,留下"8"字形的痕迹;创编"击打保龄球"的游戏,留下了美丽的射线;创编"袋鼠跳跳"的游戏,留下了一个个精美的圆圈……从欢乐谷到生活世界再到课堂上,学生以经验为起点,在真实的情境中自主学习,收获成长的快乐。

3. 创乐:创新"乐"之真实评价内容

评价是学习过程必不可少的组成部分。在主题式综合活动课程中,教师采用真实评价不仅可以记录学生活动的点滴变化和进步,还可以鼓励学生积极参与问题讨论、成果分享与适当反思。因此,课程团队根据课程的设计与实施,从"课程理念"、"课程目标"、"课程设计"和"课程实施"四个维度以及"遵循儿童立场,关注终身发展"、"面向生活世界,强化整体感知"和"突出实践经历,关注个体差异"三个方面制订评价规则。以"游戏里 Walking——小时光玩转大世界"主题为例,评价内容聚焦主题的每一个活动设计预设的结果、表现性任务和评分规则。

如《玩球趣多多》表现性评价设计案例。

(1) 从目标出发,关注学生在玩球游戏中的体验与成长:

① 通过文明有序的游玩各种游艺项目发现其中的秘密。

② 通过观察思考能迅速从提供的信息中寻找解决问题的方法和路径。

③ 通过合作,用图画、实物、语言、文字、肢体动作或艺术等形式完整清晰的展示创编的游戏。

④ 通过展示,自信地表达自己或同伴共同的需求、感受、认知和想象。

(2) 以活动目标指导相应的表现性任务设计:

游艺项目,我会玩;

运动方式,我发现;

球球游戏,我创编;

我来展示,你来评。

(3) 评分规则对学生的进一步发展具有指向性:

与此同时,表现性评价在设计过程中尝试着想象并描述出学生成功的样子,为教师的活动引导与学生的活动行为提供参照与指引。随后,评分规则和领域自然浮现,并且与之前的学习目标前后呼应,真正起到目标出发为任务设计带来的转变。

主题式综合活动课程的评价规则有时可以在活动前就让儿童知晓,有时还可以与儿童一起来制定,让儿童知道怎样的表现是好的,更有利于促进儿童表现优秀。在评价工具的设计上可充分体现老师的智慧创意,有时评价工具与活动器具整合,有时融入学校课程理念和文化元素,目的是让孩子更加享受评价的过程。

(三) 借"综合课程"趣味,获"多元成长"活力

关注儿童的兴趣爱好,遵循儿童学习的心理逻辑,从儿童的生活出发选取主题、设计活动和任务。注重儿童价值观念、必备品格、关键能力和个性特长的整体培养,引导儿童在"玩玩做做"中学习,逐步具备了知识性学习和社会性成长"两条腿走路"的本领。小学低年级主题式综合活动课程因"趣味"获"多元成长"的活力。

1. 学生玩中求趣,淘乐中育匠心

小学低年级主题式综合活动课程让平阳孩子带着问题进课堂,带着课堂去旅行,用一双会发现的眼睛学习、认知、体验和成长。"walking"成了平阳孩子学习的一种方式,更是一种别样的体验。平阳孩子在"walking"中学会主动求助同伴、老师、家长乃至社会专业人士;在思考中学会从全新的视野和角度去重新定义活动内容和诠释学习;在发现中学会共同经历、深度体验……

2.教师融中创趣,碰撞中进智慧

主题式综合活动课程在为教师提供"再创造空间"的同时,也敦促教师角色的转变:教师由课程执行者向课程开发者转变;由知识的传授者向学生发展的促进者转变;由独白的权威向对话的非权威转变;由教学单一体向教学合作体转变。教师在综合教学中聚群体智慧,在融合中求突破、在传承中求创造、在探索中求发展……渐渐的,平阳的老师变了,他们不仅具备了开发课程的能力、团队协作的精神和跨界思维的意识,更成为了与学生并肩作战,共同寻找灵感,创造作品的玩伴。

3.外力行中助趣,合作中享快乐

"知识来得及,体验等不及",只有让孩子们经历多样化的学习方式,才能让每个不同的孩子找到适合他们的成长模式,实现个性化的成长。为此,我们突破课程空间,打破课堂局限,拓宽学习外延,与社区联手、与家长共情,把课程策划实施的主持权交给老师、还给学生。老师、家长辅导员、社区志愿者等都变身成了孩子们探究时的伙伴,行走中的游伴。他们"大手牵小手",探秘于自然、拾趣于生活、献爱于街头、体验于旅途,以游、学、讲、探、写等生动活泼的形式充分体验、个性成长。

蔡元培先生说"教育者,非为以往,非为现在,而专为将来"。我们把开发"低年级主题式综合活动课程"的钥匙交给了我们的孩子,用"开放"创造更多的可能,最终孩子有了可期的未来,课程也因此有了耀眼的光泽。

三、"平阳里"的师生交往故事

"海派木创"进驻"平阳里",又升级为"STEM+",最后汇入"五育融合",师生携手共创,发生了多少令人感动的师生交往故事? 同样也是令人期待的。

平阳故事5-1　王家沙"寻宝记"

——二年级主题式综合活动实践纪实

平阳小学　李梦婷

依托校园海派文化,将学校文化内涵以主题综合式活动的形式传递给孩子们。将校本课程王家沙,与小学语文二年级第四册《中国美食》进行融合,面向二年级学生设计"寻宝记-吃在王家沙"主题式综合活动。本案例旨在引导孩子在活动中了解上海传统美食的文化起源,在实践探索中感受上海传统美食之趣,在活动感受上海海派文化发展史,鼓励孩子在主题式综合活动中获得丰富的经验,初步形成且逐步提升对自我、社会和自然的整体认识。

一、故事梗概

古人云"国以民为本,民以食为天",食是与生活最密切相关的两个字,承载的是千百年来劳动人民代代相系的根和魂。上海,一个海纳百川的城市,随着社会飞速发展,许多土生土长的上海小囡和越来越多的新上海学生对海派文化和中国传统文化了解越来越少。

依托校本课程,本案例以上海老字号王家沙为主题,依托于多个综合探究活动,开展了解王家沙的前世今生,探寻上海传统美食,体验探究的乐趣,传承饮食文化之"宝"的主题综合活动。

二、故事背景

王家沙"寻宝记"从"我与自己、我与社会、我与自然"三个方面进行融合,通过实践综合活动,使学生初步具有发现问题、自主学习、独立思考、解决问题的探究能力,在活动中使学生能主动去探究和探索,激发好奇心和观察力,主动地、创造性地、多维度地解决问题的能力,成为更好的学习者和创造者。同时,培养学生收集以信息的能力,主动获取知识的能力,处理有效信息的能力;善于与他人沟通合作,并能与他人分享见解和信息,成为好的交流者。最后,使学生养成关心自然,关心社会,关心他人的思想意识,能主动积极的参与家庭社会生活,密切与自然社会和生活联系,体验我与自然、与他人、与社会的意义,养成良好的思想品质。展开如下活动:

三、故事线索

因循低段主题综合式活动的目标与指导纲要所述"面向儿童真实的生活世界选取主题,以一体化的内容建立课程与生活世界之间的联系",结合二年级学生的年龄特点与认知水平,选择了学生感兴趣的"食"——主题展开活动。通过提取信息、观察探究、分享交流、讲述展示、团队合作等多种形式进行探索,扩展各种学习能力和品质提升。

(一)探寻王家沙前世今生,了解王家沙发展历程

第三单元我们认识了许多中国美食,上海也有不少本地特色美食,你知道哪些呢?在我们的校本课程里有一个中国非物质文化遗传就是上海老字号——王家沙。你知道王家沙的由来吗?听听老师来介绍王家沙。

王家沙点心店初创于 1945 年,迄今已有七十余年的历史。上海话"王家沙"原为王家厍(念 she),乃地名。因"沙"是"厍"的别写,且沪语中"沙"与"厍"同音,同音假借而成王家沙。王家沙点心店虽然因地得名,也因其脍炙人口的四大名旦闻名上海,除此以外王家沙的八大糕点也是赫赫有名。

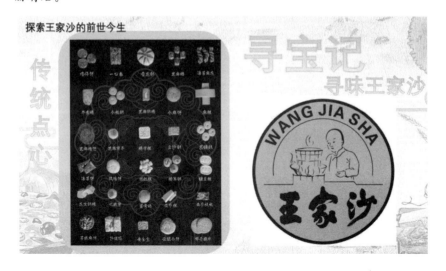

探索王家沙的前世今生

接下去请同学们按小组开始自主探究活动:

1. 围绕主题,展开讨论

(1) 谈谈你们认识哪些上海传统美食?

(2) 说说你们最喜欢的上海传统美食

(3) 上海传统美食对我们有什么样的影响?

2. 观看纪录片《寻味王家沙》。

发现问题:了解王家沙得名的由来和王家沙的文化历史。

了解王家沙作为中国非物质文化遗传,出现在我们生活中,与我们息息相关,认识其代表的不只是食物本身更是不断传承的制作技艺以及蕴含的历史文化。

3. 讨论定探究方向和方法

组织学生讨论:实际生活中,你知道哪些上海传统美食? 你知道哪些上海传统的老字号? 你从纪录片中了解了哪些王家沙美食? 等等。

让学生在讨论中找到自己最感兴趣的问题。引导学生思考在遇到问题时除了问老师、家长外怎样自己找答案,用什么方解决问题。在老师指导下,根据自己的兴趣爱好、特长等自由组合成研究小组。

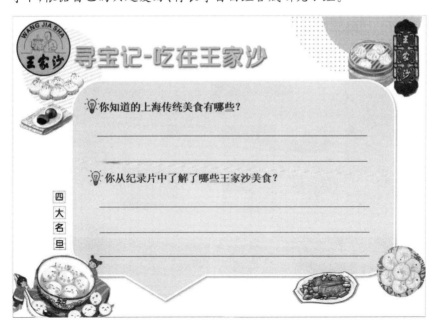

（二）探究四大名旦制作工艺

学生们在观看纪录片的《寻味王家沙》过程中了解了王家沙的发展历程之后，学生认识今天主题的四大主角——鲜香卤多的鲜肉生煎、鲜嫩味美的虾肉馄饨、香酥可口的豆沙酥饼、香脆松透的两面黄代表了王家沙的点心，代表了上海人一代记忆的点心。所谓"寻宝记"之宝，不仅仅指向这四大名旦，更加指向中华传统美食这一宝。

1.通过纪录片，了解四大名旦制作过程。

你们知道这四大名旦的原料有哪些吗？是怎样制作的呢？让我们一起来探究吧！让学生认识制作原料的过程中拓宽学生的生活知识，加强学生与生活之前的联系。同时了解每一样事物的制作都是经历了长久的磨砺的，就如酥饼，起源于宋代，但是在历史的长河中，人们仍旧通过延续手工制作，感受和体验中华传统的美食文化的传承，逐步养成民族自信心和自豪感。

2. 选择主题，开展探究

学生在四大名旦——生煎、虾肉馄饨、两面黄、酥饼主题中选择其一，在了解制作过程的基础上，按照小组合作的方式展开合作，分工合作。以小组合作制作小报的形式，展示了解的信息、制作的步骤过程、文化特色等，采用拍照、绘画、文字记录等多种形式记录。

学生的兴趣被激发后，对于王家沙的了解不仅仅出发于课本知识或者书面知识，即课本转化为更贴近学生的动手实践活动。

3. 小组合作，实践制作

学生根据选择的主题后，小组合作，开展动手制作的活动，活动过程中帮助学生回忆制作流程和制作的注意事项。基于学生独特、丰富的生活经验为基础，此环节让学生动手实践操作，打破纸上谈兵的弊端，打破教师和教科书中心的状态,以学生体验与探究出发,让学生从体验中认识、发现、成长。

(三) 寻味沪语SHOW,展示探究结果

植根于海派校园文化和"寻宝记"吃在王家沙的主题,将沪语与课堂所探究结合,以沪语介绍选择的美食或者展示小报、表演小品、朗诵、图片展示等,鼓励创新展示。综合实践活动的评价方式是多种多样的,通过观察、记录和描述等多种形式呈现学生在活动过程中的表现,并以此作为评价学生的基础。充分发挥评价这一机制激发学生开展综合实践活动的热情,通过评价使学生感受自我成长,促进自我反思,享受成功的喜悦。让学生们重拾已逐渐失去的沪话文化,促进学生对自己的家乡上海的认同感,以自己的家乡为豪。

1. 各小组对研究资料进行汇总、整理。

2. 指导学生对实践活动过程进行交流、反思。

3. 讨论课题展示内容、形式。

预设:虾肉馄饨

生1:快看,这一盘馄饨就像一排排小胖子,肚子里装着味道鲜美的虾肉。

生2:它们清淡爽口,营养丰富又容易消化,对于我们小朋友来说,真是再好不过的食物了。

预设:生煎馒头

生3:生煎馒头,上海人也叫生煎包子。是上海人十分受欢迎的点心。

生4:上半部分有香喷喷的芝麻和葱花,下半部酥脆可口,馅重汁多,越吃越香。

预设:豆沙酥饼

生5:红豆又叫相思豆,是一种营养丰富的食物,把红豆做成红豆沙馅,包在了酥饼里面。

生6:咬一口外层口感酥脆,直掉渣,里面柔软香甜,太可口了。

预设:两面黄

生7:两面黄其实是一整块面条饼,在油中炸成上下两面金黄,口感脆,偏硬,里的面条还是软的。

生8:把炸好的面条浇上热气腾腾的浇头,炸脆的面条饼吸取了热浇头的鲜味,吃起来口感香酥,味道鲜美。

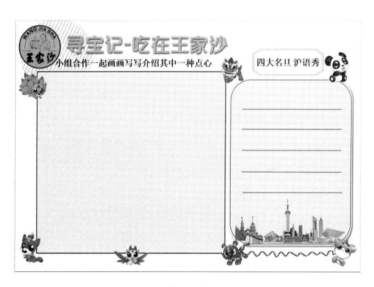

图 5-12

四、故事反思

(一) 打通学科壁垒,实现综合实践活动

低段主题综合式活动从生活出发选取主题,设计活动和学习任务,让学生在"玩玩做做"中学习,其过程更加关注学生的体验内容,并且将各学科的知识在综合实践活动中延伸、整合、重构与提升,同时在此过程中扩展学生的知识,提高学生的综合学习能力。依托校园海派文化,将学校文化内涵以主题综合式活动的形式传递给孩子们将校本课程王家沙,与统编版小学语文二年级第四册《中国美食》进行融合,打破学科壁垒。引导孩子在活动中了解上海传统美食的文化起源,在实践探索中感受上海传统美食之趣,在游戏活动感受上海海派文化发展史,鼓励孩子在主题式综合活动中获得丰富的经验,初步形成且逐步提升对自我、社会和自然的整体认识。

(二) 发现生活之美,体验探究之美

饮食是与生活最密切相关的两个字,承载的是千百年来劳动人民代代相系的根和魂。一个美食故事,浓缩了一群人、一座城地道的生活习惯,传承其独特的历史味道。随着社会发展,作为土生土长的上海小暖和越来越多的新上海学生,对海派文化和中国传统文化了接越来越少。而我们的生活中并不缺少美,缺少发现美的眼睛。所以引导学生走入生活,发现身边的美,发现身边的"宝"。从学生身边之事生成综合实践活动课题,通过观看纪录片、讨论分析、实践操作、合作展示等活动,对主题进行探究发现,增加学生亲身体验的机会,发挥学生的主动性,激发学生的创造性。让每个学生都在活动的过程中,亲历探究的过程,体验探究的乐趣,探究生活中的美,传承饮食文化之"宝"。

故事5-2 爱眼护眼,你我同行
——低年级主题式综合活动实践纪实
平阳小学 张小霞

根据我校"Walking 上海,Enjoying 世界"低年级主题式综合活动课程方案,在"亲自然之旅——奥妙的眼睛科普馆"主题下,彩蝶谷组织开展了"爱眼护眼,你我同行"主题式综合活动。本次活动基于综合活动课程内容,结合国家八部委提出的《综合防控儿童青少年近视实施方案》以及《闵行区儿童及青少年近视眼综合防控三年行动计划》的目标,以"全社会都要行动起来,共同呵护好孩子的眼睛,让他们拥有一个光明的未来"重要指示精神为线索,带领一(2)班的孩子们走进奇妙的眼科世界,了解有关眼睛的知识,探究眼睛的奥秘,增强少年儿童爱眼护眼的意识和能力,帮助他们养成科学的用眼护眼习惯,将少年儿童视力疾患控制在萌芽状态,为培养中国特色社会主义的合格的建设者和可靠的接班人做出应有的贡献。

一、故事梗概

"眼睛"被人们誉为人类心灵的窗户,它作为人类最重要的感觉器官之一,更是通向美丽世界的桥梁。它十分精细,一旦受到损害,就很难修复。

本案例以上海新虹桥国际医学园区美视美景眼科中心为活动场景,以爱眼护眼为主线,整个活动实施分为两个小队,"睛灵队"、"神彩队",任务探究分为:视力初检、3D视觉错觉互动、奥妙的眼睛科普馆、STEAM"探究研究的奥秘"系课程、时空隧道走秀五个探究任务,以问题的生发、探索与解决串起各个活动任务,整个活动淡化学科知识的教学,充分体现了主题式综合实践活动以游戏、参观、情景模拟、现场体验、小实验、小制作等为主要实施方式,让同学们近距离接触、体验医生、护士、验光师等职业,寓教于乐。更重要的是让孩子们学到更多的爱眼护眼知识,增强保护视力的意识,改善不良用眼习惯,在平常的生活和学习中,懂得保护自己的眼睛。

二、故事背景

(一) 设计背景

每当我们走进校园,总会看到一个个"小眼睛"在校园里走来走去;每当我们走进教室,也会看到许许多多的"小眼睛"坐在教室里学习。透过"小眼睛",无不让我们震撼、伤感!这种现象正反映了近年来全国各地少年儿童近视、弱视等视力问题逐年上升,少年儿童用眼健康问题逐年凸现,直接影响少年儿童的健康成长。

低年级主题式综合活动课程作为独立的课程形态,所关注的是学生的生活世界,强调学生从身边的生活世界中自己去探究,在生活中学习,在实践中学习,从而解决生活中的问题,进而发展良好的情感、态度和价值观。结合我校低年级主题式综合活动课程方案,带领一(2)班的小朋友走进了上海新虹桥国际医学园区美视美景眼科中心,开展了一次"爱眼护眼"的亲自然之旅。来到"上海美视美景眼科中心",不仅仅是为了近距离接触、体验医生、护士、验光师等职业,通过仪器操作、游戏、手工制作、表演等来亲身体验、经历,更是让孩子们通过眼睛观察和感知五彩缤纷的影像世界,了解眼睛近视给自己的学习生活带来的危害,力求通过此活动,使之认识到从小保护眼睛的重要性,提高学生的护眼意识,更好的为学生的健康成长服务!

(二)设计创意

设计解析图:

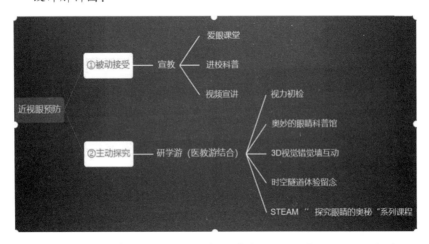

本活动的地点在"上海美视美景眼科中心",它作为近视眼疾病保险示范基地,显然为活动的开展创设了有利的支持性情景。"低年级主题式综合活动课程"是为儿童发展而设计的活动,本活动正是根据孩子的年龄特点和活动主题的需要,完全以学生为主体,结合医教研模式,改变单一的维持性学习方式,设计了丰富多样的活动形式,让儿童亲身去参观访问、动手操作、尝试实验、即兴表演等方式投入到活动中去,充分调动起学生参与活动的积极性及探索愿望,并且强调多种感官的参与和多种能力的投入,研究有关眼睛的各种现象和问题。同时让学生亲自感受大自然的无穷魅力和人类社会的丰富多彩,并充分展示自己的才华! 更是让少年儿童以寓教于乐的形式在游学的过程中进行主动探究眼睛的奥秘,提高保护眼睛的意识。

三、故事意图

1. 了解《低年级主题式综合活动课程》中关于"亲自然之旅——奥妙的眼睛科普馆"的内容和《综合防控儿童青少年近视实施方案》以及《闵行区儿童及青少年近视眼综合防控三年行动计划》的目标提出的防控儿童青少年近视的阶段性目标,为组织这次活动的意义。

2. 通过"亲自然之旅—奥妙的眼睛科普馆"活动,让学生明白眼睛是心灵的窗户,是通向美丽新世界的桥梁,是获得光明的器官,所以应该珍爱自己的眼睛,不仅仅要在这一天爱护自己的眼睛,而是要在 365 天里随时随地的呵护自己的眼睛,因为我们需要它,它可以给我们带来更多的光明和希望为本次活动的目的。

3. 通过本次活动,旨在让同学们近距离接触、体验医生、护士、验光师等职业,寓教于乐。同时,让孩子们学到更多的爱眼护眼知识,增强保护视力的意识,改善不良用眼习惯,在平常的生活和学习中,懂得保护自己的眼睛。

4. 通过本次活动,向家长宣传如何使用科学有效的方法来预防及治疗近视,更好的减少和避免眼睛有可能遭受的伤害。更好的体现家校合作,共同努力,带动和帮助孩子养成良好的用眼习惯,共同承担儿童青少年身心健康成长的责任。

四、故事线索

本着"宣传教育、主动预防、养成习惯、终身受益"的原则,一是通过主题班队会、爱眼课堂、科普宣传、视频宣讲等形式,开展爱眼护眼倡议活动,为爱眼护眼做前期宣传。二是开展"睛彩.奥秘"寒假作业布置,为爱眼护眼行动活动征集 Logo 及标语,还有眼保健操比赛、视力检测、制作爱眼护眼宣传册等活动做辅助,帮助我校学生丰富爱眼护眼知识,增强爱眼护眼的意识和能力,养成科学用眼、正确护眼的习惯。

基于一年级学生的年龄特点和认知水平,依据低年级主题式综合实践活动的目标要求,特意制定了"爱眼护眼"的活动目标,并聚焦活动主题设计了系列综合活动和与其对应的任务。采用了参观、现场体验、制作、表演、游戏、观察、情景模拟、探究等丰富多样的实施方式,帮助孩子整体感知"爱眼护眼"活动作为学校主题式综合活动的标识所带来的重要意义,激发孩子们探索眼睛的奥秘的的兴趣和喜爱的情感。

(一)"爱眼护眼"之视力筛查:发现视力问题,勇敢面对

现如今,近视的犯发病率越来越高,尤其是在儿童和青少年当中,患病率极高。最新的关于全国体质健康调研数据显示,我国小学生近视的不良率高达 45.71%,初中生约为为 74.36%,高中生高达 83.28%,大学生约为 86.36%。

孩子们来到眼科中心,每个人都满怀期待的想尽快的参与到活动中来。他们一听说先要检查视力,既开心又略有些担忧。开心的是能够享受免费检查视力的服务,担忧的是自己的视力会不会出现问题。为此,在眼科中心验光师的带领下,全班 42 个小朋友均进行了视力检查。

平阳小学一年级 2 班彩蝶谷"神彩"队队员有序排队视力筛查

孩子们经过视力检查的亲身体验活动,了解了各自的视力情况。检查数据显示,40 个小朋友视力初检均属"基本正常",只有两个小朋友的视力属于假性近视,孩子们的担忧解除了!当然,通过视力检查学校和家长也可以直观的了解孩子们的视力情况,并结合一定的大数据分析,反映了学生们的近视率问题,提高家长、学校和社会对近视预防

的认知，并提高儿童少年自主的视力健康行为和及早控制视力不良的健康管理意识。

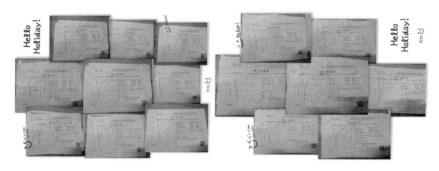

平阳小学一年级2班彩蝶谷队员的视力检查初检表

（二）"爱眼护眼"之3D视错觉墙体验：情景模拟，形象带入

孩子们检查完视力后满心欢喜，接着在眼科中心老师的带领下来到了3D视觉墙互动体验区。先是由眼科中心的老师为他们详细的介绍3D视觉错觉墙的成像原理，他们很认真、耐心地听着，通过讲解了解到3D视错觉墙是利用人眼两眼视觉差别和光学折射原理，即在一个平面内使人们可以直接看到一幅三维立体画，人们看到的平面图也有立体感，这主要是应用光影、虚实、明暗对比来体现的，利用光学折射，使眼睛感官上看到物体的上下、左右、前后三维关系。

当讲解老师说完"你们可以拍照体验咯"，孩子终于安耐不住自己急切想要尝试、体验的心情，如此逼真的3D立体墙贴和地贴已经牢牢锁住孩子们关注的目光，带来意想不到的惊吓与惊喜。看着地面和墙上的3D画面，孩子们更兴奋了，于是迫不及待地摆起了各种奇特的造型，他们有的表现出站在"吊桥"上摇摇欲坠，有的站在"悬崖"边假装捂住眼睛不敢往下望，还有的拉着同伴的手以防对方掉落下去，更有的三五成群合作帮同伴夺回被"狮子"用利爪踩着的旅行包……从他们的表情可以看出，他们无不表现出惊恐、惊吓、担心、胆小、勇敢等的情绪，如图所示。

"当前试点的小学低年级主题式综合活动课程，应充分遵循儿童立场，促进儿童健康成长！儿童不是大人，儿童就是儿童。他们有着独特的

心理特征和精神生活。他们可以适应家长的要求去提前学习各种各样的只是,但这不是他们真实的需要,游戏、交流、表演、探究、接触大自然……才是他们真实的需要。"这是上海市小学低年级主题式综合活动课程改革的教育专家曾经说过的话。孩子们在 3D 视错觉墙体验 3 维立体画感,尝试做出各种应景的造型,进行角色表演。通过观察、情景模拟表演、体验等方式投入活动,思考 3D 立体画感形成的现象和问题,各种错觉形式让同学们觉得不可思议。在活动中他们有的独立操作,有的进行小组合作,用情景互动表现出对伙伴们的友善、乐观,共同感受 3D 错觉艺术所带来的无限乐趣和友情带来的温暖。

(三)"爱眼护眼"之奥妙的眼睛科普馆:参观体验,感受眼中的精彩世界

奥妙的眼睛科普馆是以眼科科普宣传、知识的普及与互动交流体验为一体的眼科学科普教育基地,孩子们走进科普馆,面部神情略有些沉重,但更多的是好奇。当看到自己彩色的影子的时候,孩子们还是惊讶得瞪大了眼睛;还可以戴上高科技 VR 眼镜,在娱乐中学习光学原理和眼科知识……。另外他们主要从动物眼中的世界、人眼中的世界和最大亮点——智慧光明树三个部分进行展示体验,在这里,孩子们看到了动物眼中的世界、人眼中的世界,学到了有关于眼科的科普知识,更有智慧光明树告诉他们关于眼科的科普知识。在科普馆,孩子们不但在炫酷科幻的高科技游戏互动中学习了视觉健康知识,体验关于眼视光的神奇世界,更是从根本上使他们对眼睛具有科学系统的认知与有效的保护。

（四）"爱眼护眼"之 STEAM 课程：动手实践，探究眼睛的奥秘

STEAM 课程基于科学、技术、工程、艺术、数学探究形式让学生灵活学习来更好的掌握视觉健康相关知识，开放学生的逻辑思维，提高他们的动手能力及促进团队合作和组织积极主动性。

眼科中心的老师们针对我们低年级孩子的年龄特点和认知需求特意进行定制化课程设置，其中《眼镜与美学》和《爱眼小卫士》就是为我们特意定制的。

由于受时间、场地以及人员配置方面的限制，同时也考虑到课程设置的需求，两个课程分两队分散进行。其中，《爱眼小卫士》属于亲子体验、角色扮演课程，由 10 人组成的"睛灵队"参加；《眼镜与美学》属于合作探究性的实验课程，由 32 人组成的"神彩队"参加。

课程探究一：《爱眼小卫士》

第一部分：科普讲座及仪器操作说明

10 人队的"睛灵队"的队员穿上了白大褂，此刻他们的身份是医生哦。小医生上岗之前先和家长一起走进了科普演讲室听取了眼科中心老师的科普知识讲座。从讲座中学到了小学生形成近视的几点原因：(1)遗传因素(2)环境因素(3)饮食习惯（营养元素缺乏）(4)不良的用眼卫生行为习惯：包括① 玩电

脑、看电视过度；② 用眼习惯不正确；③ 写字姿势、握笔姿势、看书姿势不正确等。听了科普讲座他们懂得了近视给人类带来的危害和烦恼和如何保护好自己的眼睛。

第二部分：视力检查操作演示教学及实操

接下来，他们在眼科中心老师的带领下来到了验光体验区，通过老师的实践操作教学，深入了解屈光发育档案所涉及的眼睛各项检查项目及仪器的操作说明，更有效地指导学生指视力表，进行标准视力测试及记录，关注眼睛发育数据，学习数据分析及报告解读。他们个个聚精会神地

听着并记录着,并和家长进行裸眼、戴镜视力检查互动。

第三部分:电脑验光仪、裂隙灯检查操作操作演示教学及实操

由老师指导学生学习电脑验光仪的操作及数据解读,学会分析验光数据,并通过用数码裂隙灯观察眼睛的外形结构。认真听完课程老师的讲解,"小医生们"开始给爸爸妈妈检查眼睛了,通过不同的仪器,他们观察了眼睛的外形结构和视力状况,并认真地把各项检查数据记录在"病历卡"上。最后由课程老师对各项检查数据进行了分析及报告解读,孩子们发现原来爸爸妈妈们的视力也不是很理想啊!他们明白了一件事情:除了要爱护自己的眼睛,现在又多了一项任务,就是要监督爸爸妈妈也要爱眼护眼!本次活动恰恰体现了家校合作,增加家长对孩子眼健康的关注,了解建立屈光发育档案的重要性,更是提高学生及家长们对眼健康的认识,家校齐心,共同承担儿童青少年身心健康成长的责任 。

通过形象地实验课程探究方式,鼓励孩子们积极参与、主动探索、善于合作,同时让同学们以角色扮演的形式近距离接触、体验医生、护士、验光师等职业,寓教于乐。继而让孩子们学到更全面的近视眼预防全生命周期的系统知识,让近视成因及防控方式深入学生的思想意识,增强其保护视力的意识,改善不良用眼习惯,在平常的生活和学习中,懂得保护自

己的眼睛。

课程探究二:《眼镜与美学》

《眼镜与美学》探究课程通过引导学生对人脸的分析,探究不同造型眼镜与不同脸型之间的美学关系,从而学会搭配眼镜,对眼镜的挑选有更深层次的认识。

第一部分:眼镜美学鉴赏

1. 讨论眼镜在生活中的应用、日常搭配及三庭五眼的概念

2. 通过人物与动物的脸型,分析六种脸型的眼镜搭配。

3. 以提问的形式进行课程总结,并指导正确的眼镜摘戴方式及挑选眼镜的操作注意事项。

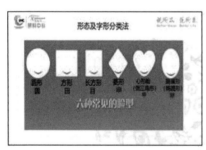

第二部分：DIY 手工眼镜制作

1. 小组合作制作理想的眼镜形状。

选定眼镜形状的时候要注意了，不同的脸型适合不同的镜框。例如圆型脸应避免圆形或椭圆形的镜框，而长型脸以有棱角或几何形状的镜框为佳。

2. 将卡通图样粘在制作好的镜框上，增加美感。

第三部分：搭配眼镜

根据课程所学到的搭配技巧，结合脸型特点，小组合作为同伴挑选合适的镜框。课程以探索实验的形式把近视眼防控的理念传播给在座的各位（学生、家长和老师），在眼睛制作的过程中，充分体现了低年级主题式综合活动的自主性、主动性、能动性和创造性。孩子们在玩中探究了知识，提升了自身的实践能力，又增强了自我表现的意识和探索问题的能力，更达到近视眼预防的作用。

（五）"爱眼护眼"之时空隧道走秀：倾情演绎，展示自信和美丽

小学低年级主题式综合活动课程不是遵循学科知识的逻辑，面向知识世界的课程，而是遵循儿童学习的心理逻辑，面向儿童真实的生活世界的课程。根据低年级儿童的年龄特点，他们理应需要在在符合内在需要和天性的游戏活动中来获取学习的经验。因此，我们有必要为他们创设丰富多元的活动内容和任务场景，鼓励和尊重儿童自主选择游戏、表演、绘画、制作、实验等符合个性，彰显特长的表达表现方式，来满足儿童的兴趣和需要。

　　为此,等孩子们的手工眼镜制作好了,课程老师带领他们来到了绚丽的时空隧道场地,每个人戴上自己亲手DIY的手工眼镜,来这里展示自己的创作成果。在荧光灯的照射下,他们个个跟着音乐的节拍走起了模特步,摆出了属于自己风格的可爱造型,倾情演绎,全身心地参与到活动中来。他们通过肢体、各种感官,去发现、感受眼睛的美,用创意的造型展示自己创作成果,无不展现出快乐、自信和美丽! 鉴于他们完美的活动表现,眼科中心给每个人颁发了课程结业证书,也正是对他们在整个活动中表现出的遵守规则、勇敢尝试、乐于交往,团结合作、善于思考等优良品格的一种肯定。从活动的整体效果来看,学生们乐此不疲且收获颇丰!

五、故事评价

　　评价是学习过程必不可少的组成部分。低年级主题式综合活动课程不以知识的掌握或某项能力的提高为目标,而以儿童综合素质提高为价值取向,不仅要注重学习效果,更要注重真实性评价。通过评价,可以引导儿童关注自己与他人在活动中的情感交流、与他人的合作状况、学习技能、实践能力表现以及创新意识的表达。因此在活动结束后，引"爱眼护眼小卫士"的评价，以小组为单位，对学生进行一次综合性评价，评价主要以发现优点正面鼓励为主，对表现优秀的学生给予适当的奖励。

"爱眼护眼小卫士"评价表

	自我评价	小组评价	教师评价
情感交流	☆☆☆☆☆	☆☆☆☆☆	☆☆☆☆☆
合作交流	☆☆☆☆☆	☆☆☆☆☆	☆☆☆☆☆
学习技能	☆☆☆☆☆	☆☆☆☆☆	☆☆☆☆☆
实践能力	☆☆☆☆☆	☆☆☆☆☆	☆☆☆☆☆
创新意识	☆☆☆☆☆	☆☆☆☆☆	☆☆☆☆☆
个人自评意见			
小组自评意见			
教师自评意见			

六、故事中的成效与反思

（一）从校内移步校外，打开五官，获得感知体验

童年时最美好的回忆，绝大多数都是发生在校内。本次活动却是以"亲自然之旅——奥妙的眼睛科普馆"为主题展开的，通过将活动课堂移步到眼科中心，拓宽学习时空，让学生打开五官尽情地去观察、去发现。多样的视角给了他们不同的、全新的感受。例如，在"奥妙的眼睛科普馆"活动环节中，孩子们通过观察、倾听、讨论，发现了动物眼中的世界、人眼中的世界，学到了有关于眼科的科普知识，更有智慧光明树告诉他们关于眼科的科普知识。又如，在3D视错觉墙体验区体验三维立体画，尝试摆出各种应景的造型，进行角色表演。通过观察、情景模拟表演等方式投入活动，思考3D立体画形成的现象和问题。更值得一提的就是STEAM课程的体验，孩子们通过不同的仪器，他们观察了眼睛的外形结构和视力状况，并距离接触、体验医生、护士、验光师等职业，还学会了做手工眼镜，每一个活动环节均与伙伴发生了互动，这样的活动体验，丰富了学生的认知，启发了学生多角度的思维，更关键的是，它为每一个学生提供了适合

自己的实践空间、思维空间。

（二）在活动中落实了学生的主体地位,促进学生的个性化学习

孩子们对于本次活动表现出了较高的喜爱度、参与度和期盼度。他们在活动中获得了体验、收获了快乐,同时,观察与发现、合作与分享的意识及能力在逐步形成。可以说,主题式综合活动课程遵循了儿童生命成长的现实和需要。让儿童在一个真正彰显其主体地位的环境中生活和学习。在活动中,每个学生的基础和兴趣不一,在深入主题式活动的过程中,每个人遇到的困难不同,采取解决问题的途径和自身的收获也就不同。比如,在《眼睛与美学》活动环节,理解能力较弱的孩子对于眼镜的日常搭配及三庭五眼的概念不是很了解,因此,老师就会根据学生的问题进行针对性的指导,意在让学生学会主动学习,获得属于自己的独特的成功体验,促进学生的个性化发展。

（三）从单一走向多元,呵护儿童创意,改变儿童学习方式

本活动以培养儿童自主创新学习品质和综合能力,即学习能力、交往能力、动手能力、创造能力为主要实施方式,并且在学习方式上,主要以探究式学习和体验式学习为主,重视直观感受和经验积累,多数时候还需要与别人互动获取信息。学习方式从单一走向多元,从根本上区别于传统基础学科教学被动的接受性学习方式。比如,在DIY手工眼镜制作环节,不同的脸型适合不同的镜框,是集自主探究、小组合作、动手操作、敢于创新、乐于体验的学习方式来完成眼睛的制作的。通过这样多元的学习方式,他们就会激发极大的兴趣和信心,学会了许多教师教的或书本上说的以外的知识,体验到了探索的乐趣,创新的欲望和能力也一并迸发出来。

平阳故事5-3　风儿轻轻吹
—— 低年级主题式综合活动实践案例

平阳小学　龚　蕾

一、故事梗概

大自然的山川河流、鸟语花香,使孩子感到亲切和美好。自然界中可

爱的小动物,耸立云天的大树,绿意葱葱的小草,开阔了孩子的视野,丰富了孩子的知识。在大自然中孩子们学会了分析比较各种事物,找出事物之间的关系,从而使他们的智慧得到启迪和发展。美丽无比的大自然,才是教育孩子最丰富最全面的教科书。根据我校"Walking 上海 Enjoying 世界"低年级主题式综合活动课程方案,在"亲自然之旅——游戏 Walking"主题下组织开展了"风儿轻轻吹"主题式综合活动。本实践案例呈现的是围绕探索"风"这一自然现象,孩子们在校园内感受自然界中的风、做一回捕风人以及能用符号、图案、文字记录"自然笔记"等创意形式表达自己观察到的风给自然界带来的变化。依托三个活动部分有层次地组织实施,引导孩子们在感知——实践——创造的过程中以多样的视角、灵活的方式体验和学习,从而促进其多种经验的连续、协同发展。

二、故事背景

一年级的学生对大自然充满了好奇,部分学生在户外玩耍的时间相对较少,尽管感受过"风",却未必思考过风儿在哪里。部分学生在大自然中玩耍时,也不一定了解风在我们日常生活中的作用,脑海里充满了许多的问题。

低年级主题式综合活动课程作为独立的课程形态,所关注的是学生的生活世界,强调学生从身边的生活世界中自己去探究,在生活中学习,在实践中学习,从而解决生活中的问题,进而发展良好的情感、态度和价值观。结合我校低年级"游戏里 Walking"主题式综合活动课程方案,本次综合实践活动将以多种活动形式,激发他们对周围环境的兴趣,让他们"亲近自然,喜欢在大自然中活动,感受自然的美"。启发他们从"好奇"走向"喜欢提问和探寻问题的答案。"

三、故事意图

1. 知识与技能:通过谜语和绘本阅读,能够观察、探索"风"以及了解它带给自然界的变化。

2. 方法与过程:能够到生活中寻找风,学习用自然笔记等方式,记录生活中的风。能够自己动手制作风车、纸飞机、纸船等形式创造性地呈现观察到的风。

3.情感与态度:喜欢在大自然中活动,通过活动与自然交流与成长。

四、故事线索

根据维度目标以及本次活动目标,针对活动对象为一年级学生,我们选择、拟定了三项任务内容:①读绘本故事《风,我的朋友》;② 制作自然笔记,用文字、图画等形式记录所观察到的自然现象;③和风儿一起玩。这三项任务内容都是围绕着探索"风"这一自然现象来展开的。

(一) 立足生活实际,感知"风"

活动伊始,教师先以一则谜语导入——"看不见,摸不到,四面八方到处跑。跑过江河水生波,穿过森林树呼啸。(打一自然现象)"以"猜谜语"这种儿童喜闻乐见的形式开头,激发学生的学习兴趣。教师再适时出示绘本故事《风,我的朋友》,请学生读读这篇童话故事,观察绘本图片,引导学生感受到生活中风无处不在。封面中一只小猫追逐着被风卷起,飘摇在空中的几片树叶,被风吹干的孩子的眼泪……简洁富有诗意的语言,淡淡的水彩都能给学生留下遐想的空间,触及了学生已有的生活体验,激起了学生"捕捉风"的欲望。学生们畅所欲言,诉说着生活中所感受到的风。

"蒲公英的种子离开了妈妈,在清风的吹拂下,越飘越高。"

"小船扬起了帆,在大风的帮助下,即将远航。"

"每周的升旗仪式上,五星红旗迎风飘扬。"

"树叶在风中发出的沙沙声,似乎在轻声吟唱。那阵阵的花香,是风姑娘把它送来的。"

……

(二) 亲身体验观察,捕捉"风"

兴趣是最好的老师,当学生的热情被点燃时,更好打开其思维方式的是带领学生到校园里去看一看,再去亲身体验一回,做一做"捕风人",捕捉一个瞬间、一个镜头……观察风给自然界带来的变化,并用符号、图案、文字记录"自然笔记"。由此,教师带领一群学生从教室移步到操场,学生们兴奋不已。他们发现同学们的头发吹起来了，红领巾飘起来了；操场上，旗杆上的国旗在飘动，小草在摆动；风铃响起来了，饭菜香味飘过来了。因为有风，云儿会飘；因为有风，树儿会摇；风吹过的时候，脸上有凉凉的感觉……这就是自然界中的风，每个人视角不同，观察到的风姑娘也是不一样的，每个人心思的细腻程度不一，感受到的风姑娘也是不一样的。回到教室，教师指导学生如何制作自然笔记。自然笔记有几个要素，时间、地点、天气情况，观察的事物可以是眼睛看到的，耳朵听到的，鼻子闻到的，手指摸到的，亦可以是心里想到的，把这些所见所闻、所思所想，以图画和文字相结合的方式进行记录。这是一个表达的环节，我们设想学生能用图画、文字等形式，表达自己所见所感。对于低年级的学生而言，涂鸦是他们喜欢且擅长的形式，即便是不善口语表达的学生也乐于记录。成型的自然笔记天马行空，活泼有趣。学生根据自己所观察到的进行选择性记录，有的还能学着童话的样子进行文字表达。

（三）动手操作实践，体悟"风"

学生在制作自然笔记的过程中，捕捉记录的是点状的观察所得，而活动的第三部分则由教师指导学生归纳、总结信息后进行再创作，并通过不同的艺术形式进行创意表达。结合学生的喜好以及认知，教师引导学生用不同形式来表达自己的观察结果。如果说自然笔记是静态的呈现方式，那么此环节需要学生动起来。学生们思考能和风一起玩耍的玩具，有的用纸、大头钉、吸管制作了风车。他们手举着简易风车奔跑，跑得快一些，风会大一些，风车就转得快一些。有的学生折了纸船，放到水池里，用自己嘴营造大风推着纸船行进。有的学生折了纸飞机，迎着风，使很大的力气，纸飞机也飞不远。这些动手实践环节，学生用自己喜欢的方式，制作了玩具，通过游戏中去体悟风的变化和力量。游戏结束后，大家又回到了教室，交流自己的观察心得。

五、活动效果与反思

纵观"风儿轻轻吹"这一综合活动，从整体设计到组织实施，我们都始终注重围绕主题开展，并引导学生在感知—实践—创造的过程中以多样的视角、灵活的方式体验和学习,从而促进其多种经验的连续、协同发展。

（一）着眼一个"活"字,激活学生的探究兴趣

对于低年级学生而言,他们刚刚接触到综合实践活动课,学生独立面对困难的信心不强,知识经验和生活经验所限,对活动的预见性较差,这就需要教师根据儿童的认知特点,立足于儿童的生活实际,灵活地帮助学生选择与自己能力相当的主题,领着学生走向实践活动,亲身体验,去指导、去帮助、去诱发学生新的发现,新的开掘。"风"这一自然现象,对于低龄学生而言,既知道,又不太了解。选取这个主题开展活动,需要调用、激活学生已有的生活经验,而绘本故事又为学生提供了很好的范例,学生通过模仿,使得固化的生活经验变得鲜活灵动。

（二）贯穿一个"趣"字,激发学生的探究兴趣

在低年级综合实践活动课教学中,要始终贯穿趣味教学,激发学生学习兴趣。游戏是儿童自由表现最明显的形式,是儿童最纯洁和纯精神上的产物。根据低年级年龄特点,小学低年级开展综合实践活动的内容应以游戏为主,让学生在玩中学,寓学于玩、玩中求知。内容要具体、形象、生动、活泼,突出活动性,体现趣味性。以探索"风"这个任务为导向的活动,契合学生年龄特点,分为三个部分实施,既相互关联,又能层层递进,从已知探索未知,有效地激发了学生兴趣,在玩中体验,在发现 中探究,从而促进其成长。

（三）突出一个"动"字,培养学生的行动能力

儿童从小具有强烈的接触事物,探究具体事物的本能与需要,利用这种需要,在课程教学中想方设法增加学生观察的内容,在观察的基础上使学生有所发现。当儿童对事物表现出强烈的好奇心时,就会以自己的方式去探索事物,发现事物。开展综合实践活动时要选取能让学生"心动"的主题,这个主题越贴近学生生活实际越好,范围越小越好,让学生在活动没有开始之前便"蠢蠢欲动",这样才会使课堂活动之外的真正探究因这份心动而更加丰富多彩。在活动开展的第二部分,我们将课堂移步到校园里,拓宽学习时空,让学生打开五感尽情地去观

察、去发现,多样的视角给了他们不同的、全新的感受。在这个活动环节中,学生与自然生活、与伙伴发生了互动,它丰富了学生的认知,启发了学生多角度的思维,而更关键的是,它为每一个学生提供了适合自己的实践空间、思维空间。

动手是综合实践活动课的一个显著特点,这符合少年儿童的心理特点。他们乐于动手,在动手的过程中又勤于动脑,学生的学习兴趣和创造精神被最大限度地调动了起来。因此,教师在课堂教学中要多创设动手实践的机会,让学生有时间、有机会动手,有可能展示和提高自己的动手能力。在活动开展的第三部分,让学生制作风车、纸飞机、纸船等形式,和风一起玩的过程中,感受到风的变化和力量。在实践的过程中,他们不断形成良好的行为意识、情感、态度和价值观,并不断地建构自我的整个精神世界,发展实践能力。

故事5-4　奇妙的影子
——低年级主题式综合活动学生指引

平阳小学　赵有美

一、故事梗概

在周围现实生活的环境中包含了大量的信息,孩子们无时无刻不在和它们打交道。影子就是生活中常见的自然现象,是人类形影不离的朋友。对于影子,学生都有一定的体验,也很感兴趣。我在"奇妙的影子"这一主题式综合实践活动中,尝试将游戏与教学、科学与数学、知识与运用有机地结合,使学生能够在参与活动的过程中充分感受到我与自己、我与自然、我与社会的密切联系,初步形成对自我、社会和自然的整体认识。

正因为主题式综合实践活动注重创设真实的学习情境,鼓励儿童在情境中发现问题,在合作互动中多视角看待和分析问题,让每个儿童都有机会参与尝试,支持、鼓励他们大胆提出问题,发表不同意见,学会尊重别人的观点和经验。儿童才体验到与老师、与同伴之间的相互接纳。也这使我进一步认识到:在孩子的主题式综合实践活动中,知识本身并不是最重要的,而亲历活动过程的体验和科学严谨的态度,才是更值得关注的。教师应提高自己的认识和想法,并帮助孩子认识到每个人都有自己的独特认识,应相互理解、尊重和接纳。

二、故事背景

本主题式综合实践活动,主要设计了三个主题板块的活动:我与自己——《影子趣多多》;我与自然——《影子大发现》;我与社会——《影子真神奇》。

通过三个板块的主题式综合实践活动的开展,引导儿童发现影子与我们的生活密切相关,影子里面藏有很多科学的道理,以及随着科技的发展影子在科学、医学、军事领域的应用,帮助儿童从小树立科学的眼光、发展的眼光,推进学生的可持续性发展。

本主题式综合实践活动主要借助于游戏设计以及相关的课件和影像资料还有实验单等方式来推进和记录活动的开始。

三、故事线索

(一) 主题活动一:影子趣多多

1. 猜猜它(影子)是谁?

老师:"我有一个好朋友,我到哪,它到哪,我走它也走、我停它也停,紧紧跟在我身边,猜猜它是谁?""到底是谁呢?"老师有意识地在有阳光的操场上走动,引导孩子看到了老师身后的影子。

好奇心是人的天性,儿童对事物都有很大的好奇和兴趣,但这种好奇是对事物的直接兴趣,往往也是很无意识的,"科学教育应密切联系儿童的实际生活,利用身边的事物与现象作为科学探索的对象",《纲要》中提到"对周围的事物、现象感兴趣,有好奇心和求知欲"。影子虽然常伴随着我们,但日常生活中儿童并没有在意到它的存在,而我采用猜谜的方法、并通过有意识的体态动作(在有阳光的操场上走来走去),较好地引起了儿童对身边最常见、也最容易被忽视的科学现象(影子)的好奇,从而产生认识的兴趣。

2.影子在哪里?

老师:"我的影子在哪里呢?"

老师:"我的影子在什么位置?"(语气强调"位置")

老师:"到底在什么位置?""是左边还是右边,是前面还是后面?"

老师:"你们有影子吗? 你们的影子在哪?""让你们的影子在身后(旁边、前面)"儿童跟随老师指令变化着自己身体位置。

《纲要》指出:"儿童的科学教育是科学启蒙教育,重在激发幼儿的认识兴趣和探究欲望。"活动中我不断追问,促使儿童开始有意识地关注我身边影子的位置,并在我的选择性问题(是左边还是右边,是前面还是后面?)帮助下,学习运用已有对方位的感知,选择用方位词来表述影子的位置。随即又从"老师的影子"转向对"自己影子"的注意,激起了儿童对影子的进一步关注。儿童在游戏中不断改变身体转向来体验影子位置的变化,学习兴趣和探究欲望再次被调动起来。

3.影子什么样?

老师:"找个朋友站在一起,比比、看看你们的影子,你发现了什么?"

儿童:"我的影子比他的长、我的影子胖、老师的影子大、我的影子也扎着小辫儿"……

老师:"你的影子会变吗? 怎么变的?"

儿童:"我跑影子也跟着跑、我动影子也跟着动、影子也会跳舞……"

影子是人人身边都有的,但未必人人都能发现它的存在和它的奥秘和趣味,创造条件让儿童实际参加探究活动,使他们感受科学探究的过程和方法,体验发现的乐趣。儿童在自由观察、探索中,用生动的语言积极地表达着自己对影子特征的认识,并把这种活动真正当成在游戏,在游戏中体味着发现的快乐。

(二) 主题活动二:影子大发现

1.聚焦:造影子

你能利用手电筒制造影子吗? 把你的发现记录下来。

思考:影子的产生需要什么条件?

2. 探索:影子变变变

(1) 猜想与假设

影子像个调皮的孩子,时而长时而短,时而在左时而在右,影子发生的变化和哪些因素有关呢? 把你的猜想写下来吧!

(2) 实验

用不同的方法改变固体胶的影子,每改变一次用画图的方式将方法记录下

方法一:将固体胶竖直放在桌面上,移动手机手电筒,分别从左、左上、正上方、右上、右不同的位置照射物体,观察影子的变化。

方法二:手持手电筒依次照亮横放和竖放的物体,观察影子的变化。

方法三:固体胶固定不动,手电筒分别从远近不同距离照射,影子如何变化?

（3）发现

通过实验，你发现了影子有什么秘密吗？和爸爸妈妈分享你的收获。

_____

_____

（4）拓展：手影游戏

在家里选用白墙壁作为屏，创造手影。试着① 改变手影大小；② 改变手影形状；③ 改变手影的方向。看看能制造出多少不同形态的手影。

或许，你还有想探究的问题，请把它们写下来。

_____

_____

3. 现象解释

（1）影子产生的条件：光、遮挡物、屏

（2）影子的长短与光源照射的角度有关：光源直射时，影子最短，斜射程度越大影子越长。

（3）物体影子的大小与物体和光源之间的距离有关：遮挡物与光源越近，影子越大；越远，影子越小。

（4）影子的形状与光源所照射到物体的侧面有关。

（5）影子的方向与光源照射的方向有关。

（6）影子长短、方向、形状、大小的变化，最终是由光源和遮挡物的变化引起的。

4. 知识链接

皮影戏（Shadow Puppets），又称"影子戏"或"灯影戏"，是一种以兽皮或纸板做成的人物剪影以表演故事的民间戏剧。表演时,艺人们在白色幕布后面,一边操纵影人,一边用当地流行的曲调讲述故事,同时配以打击乐器和弦乐,有浓厚的乡土气息。

皮影人的四肢和头部是分别雕成的,用线联缀而成,以便表演时活动自如。一个皮影人,要用五根竹棍操纵,艺人手指灵活,常常玩得观众眼花缭乱。不仅手上功夫绝妙高超,嘴上还要说、念、打、唱,脚下还要制动锣鼓。演皮影的屏幕,是用一块1平方米大小的白纱布做成的。白纱布经过鱼油打磨后,变得挺括透亮。演出时,皮影紧贴屏幕活动,人影和五彩缤纷的颜色真切动人。皮影道具小,演出方便,且不受场地限制。

《影子的秘密》实验记录单

小组:_____

我会探究	我的影子图	我的发现
1. 造影子		1. 影子产生的条件是: _____、_____、_____
2. 影子变变变 (选择自己感兴趣的一项深入探究吧!) □影子的长与____有关。 □影子的形状____有关。 □影子的方向____有关。 □影子的大小____有关。		2. 影子的____与____有关。

(三) 主题活动三:影子真神奇

1. 探寻影子的过去。

人类在没有发明钟表和日历以前,曾经用影子来计算时间,区分季节。在北京天文馆的后面,有一个铜制的圭表,圭是平卧的尺,表是直立的竿,根据影子的长短可以知道到了什么季节。日影最长的那一天是冬至,最短的那一天是夏至。在北京的故宫里面,有一个古代的日晷,它是利用影子的方向来计时的。这种圭表和日晷,我国在二千七百年以前就开始使用了。印度的日晷更奇特,它是由一个倾斜的三角形石梯和一堵弧形的凹顶墙组成的。石梯高耸入云,有十来层楼那么高,它的影子投在弧形墙上，随着太阳的移动，不断地指出时间来。

　　2.了解影子的现在。

　　随着科学技术的发展，影子的作用越来越大，应用范围越来越广。从日常生活到工业生产和交通运输，从科学研究到医疗和军事技术，许多方面都有影子在帮人们的忙。有些工厂的大门，平时总是关着的，可是，当你走近时，它就自动闪开了；你一走过去，它又自己关闭了。有的机床实行光电控制，自动化程度很高。原因很简单，就是装了一个光电管。光电管的原理光电效应，让光和电发生关系，把光波变成电波。不过，这种光不是可见光而是像红外线、紫外线和X光线等看不见的光线。光线照到光电管的阴极上，从阴极板放出的电子被吸收，因而形成光电流。人的影子遮住了光，流就立即停止，也就起到了控制作用。

　　利用影子，不光可以实行自动化生产，还可以做到安全生产，减少事故比如在高速运转的机器旁发射一束红外光，投在光电管上，当操作工人伸到危险部位时，就不必担心轧断手，因为当手一伸进危险区时，"影子"好遮住红外光，光电流立即断路，机器就像有知觉一样，立即停车了。

　　利用X光造成的"影子"，可以找到金属材料中的裂纹，消除隐患防止断裂事故所造成的经济损失。1943年1月，美国一艘刚完成试航任务留在船坞内的油船，由于造船材料内部的裂纹作怪，在一声巨响之后，断为两截，沉没在海水中。现在，人们懂得利用X光造成的影子，找到金属料内部的缺陷，断裂事故就大大地减少了。

　　影子用到军事上的是德国人。在第一次世界大战时，德国人制一种影子地雷。用不着碰它，只要人、马匹或者车辆从它旁边经过，影子投射到地雷上，就会立即引起爆炸。英国人费了很大的代价，才揭开了这种地的秘密，于是采用新的扫雷方法，把影子地雷制服了。可是过了不久，德国人又用一种新地雷让英国人吃了亏，当英国人用雷棒去照X光像时，射线接触地雷，就猛烈地爆炸了。原来，这种地雷里面装上了一个光电管，一到X光，马上产生电流，引起爆炸。

　　坐汽车行过夜路的人不少，可是很少有人想到过，影子对行车安全起了重要作用。你看,车灯为什么要装在保险杠附近那么低的位置上,而不装在驾驶室顶上呢?车灯位置高一点,路面不是照得更清楚吗!原来,低位置的车灯,可以让路面上的障碍物投下长长的影子,驾驶员从影子的长短上进行判断,应该采取什么措施。如果车灯装在驾驶室顶上,路面虽然照得明亮些,但障碍物的影子变短了,沟沟坎坎就看不清楚了。红外遥感在铁路、航空事业上的应用,也离不开影子的作用。

自从照相机出现以后,影子为人们留下了一张张形态逼真的照片。激光诞生以后,影子更加大显神通,为人们留下了一张张奇妙的全息照片。当人们看一张全息照片的时候,不但能看到物体的正面、侧面和背面,甚至还能看到物体的内部呢;更奇妙的是,如果你不小心把一张全息照片撕成了许多碎片,那也不要紧,你只要保留一块碎片,就可以从上面看到原来物体的整个图象。

3. 展望影子的未来发展。

"同走同行同向前,相随相伴紧相连;面对太阳随身后,背朝月亮站身前;一旦走进黑暗处,千呼万唤不露面。"这个迷语十分形象地说出了影子和光的关系。影子离不开光,有光就有影子。光的用途无限,影子也将得到更多的奇妙用途。

第六章
千帆碧空尽：平阳课程展望

海派文化课程的开发之旅还将继续前行,那么,在她未来的建设路上,还会有哪些难以预期的风景? 理念先行的未来学习能否在今天就开始落地? 平阳海派文化课程在未来会是何种样态? 技术赋能的助学空间又将如何去打造? 本章将试着回答上述问题。

一、理念先行的未来学习

对于未来,人们总是充满了美好的期待和想象。但由于社会的发展充满了不确定性和复杂性,未来到底是什么样的却是难以描绘出来的,通往未来之路也许是康庄大道,也许是荆棘坎途。那么,未来的学习将会是什么样的呢? 未来是建立在今天基础上的明天,所有对未来的预想都是以现实发展为基础的,否则便是"乌托邦式"的空想。当前以互联网、大数据、云计算、人工智能等为代表的现代信息技术飞速发展,信息技术的发展正广泛地运用到社会的各个领域,推动着社会的变革,其无疑也将深刻改变未来教育形态。2018 年,教育部印发了《教育信息化 2.0 行动计划》,提出"人工智能、大数据、区块链等技术迅猛发展,将深刻改变人才需求和教育形态。智能环境不仅改变了教与学的方式,而且已经开始深入影响到教育的理念、文化和生态。""互联网+教育"孕育着全新的教育形态,特别是新冠疫情以来,正加速着这一变革进程。在可以预见的未来,未来的学习必然是以"技术"(特别是人工智能)为切入口的全方位变革,形成一个全新的教育生态系统。

安东尼·塞尔登等人在其《第四次教育革命:人工智能如何改变教育》中提出,教育的历史就是人类的历史。在人类漫长的历史上,发生过三次教育革命,分别是"有组织的学习,必要的教育"、"学校和大学的到来——制度化教育"和"印刷与世俗化,大众化教育",接下来,人工智能、增强现实和虚拟现实将成为第四次教育革命的内容。所谓人工智能技术旨在计算系统中重现或超越人类要执行这些任务所需的"智能",这些"智能"包括:学习和适应能力、感官理解和互动能力、推理和计划能力、编程和参数优化能力、自治能力、创造力、从大量不同的数字数据中提取知识的能力,以及预测能力①。以人工智能为代表的第四次教育革命从根本上改变了"以知识为本"的"唯智主义"教育,更加关注教育中的人及人的发展。

从当前来看,技术(特别是人工智能)将深刻影响和改变未来学习,近年"元宇宙"概念的兴起更是引起教育学界的关注。未来已来,为未来培养人的教育应该"未雨绸缪",主动思考未来科技发展将在哪些方面影响着教育,教育该如何主动作为以应对挑战。从现实来看,未来学习将在环境、方式、内容、师生关系及评价等多方面发生改变,呈现出崭新的样态。

(一) 学习环境:打造智能化学习空间

自 17 世纪中叶以后,随着农业社会向工业社会的转变,适应工业社

---

① [英]安东尼·塞尔登、奥拉迪梅吉·阿比多耶. 第四次教育革命:人工智能如何改变教育. 吕晓志译. 机械工业出版社,2021:81.

会的班级授课制出现,现代学校教育制度创立。在班级授课制下,学生以班级为单位,在一个个固定的物理空间——教室里学习。同一个班级、年级的学生学习同样的内容,保持同样的学习进度,遵循同样的评价标准。学生的活动范围除了教室便是校园,学生的学习生活便是他们的现实生活世界。

然而,在现代信息技术的支持下,未来学校将成为智能化学习空间,智能化学习在具体领域的体现便成了智慧学习环境,例如智慧教室、智慧校园等。这种智慧学习环境是一种"虚实融合的信息生态环境"[①],实现了物理空间与虚拟空间的无缝对接,通过人工智能技术将现实不可及的学习资源带到了学生的眼前,突破了物理空间的"围墙"。以人工智能技术 VR 和 AR 技术为例。"VR 虚拟现实技术可实现虚拟世界的营造,给人带来逼真的视觉听觉感官体验。AR 增强现实技术可将虚拟与现实的嵌套,在情境中实现两者结合"[②]。借助 VR/AR 技术,学生可以"穿越"到侏罗纪时代近距离观察恐龙,也可以不出校门就观察世界其他地区的物种等,将虚拟内容叠加到现实世界,将抽象的知识可视化,学习从二维模式拓展到三维模式,从"观影模式"转向"沉浸式"学习,提高了学生的参与度,丰富了学生的学习体验。未来的学习空间将更为开放、更加灵活,只要有一台联网的电脑,学生可以随时随地学习,向世界上的所有人学习,正式学习与非正式学习相融合,学习以泛在形式存在。

(二) 学习方式:尊重个体差异的个性化学习

在传统班级授课制下,学生虽然存在极大的个体差异,但依然接受同样、同时的教育,可能造成部分优资生"吃不饱",而有的学困生又"无法消化",学生之间的个体差异难以顾及。

---

① 余胜泉.未来学校[M].电子工业出版社.2019:11.
② 全晓洁,邱德峰.人工智能视域下的课程变革及未来走向[J].河北师范大学学报(教育科学版),2021(2):127—134.

未来学习方式借助信息技术可以更多样化,也更关注学生的个体需求,因而更能培养学生的个性化学习能力。"人工智能教育的'圣杯'是一个能根据每位学生的才能和需求打造学习计划的全面教育体系。"①教师根据每一名学生的进步和困难开展个性化教学,而学习智慧空间的建设也为学生的个性化学习提供了可能,通过智能交互系统,学生不仅与自己的教师和同学开展交流、讨论,而且可以与智能设备中远方的他人进行讨论,实现了人-人、人-机、人-机-人等多种形式的交互学习。

智能设备通过一系列的算法,能更精准理解学生的行为和意图,可根据学生的需要和学习习惯进行智能推送学习资源,设置学习进度和难度,从而学生能够掌控自己的学习进度,选择适合自己的学习方式,满足自己的学习需求。教师通过"放权",将学习的主动权交给学生,允许学生自由探索、深入思考(甚至"异想天开"),鼓励学生之间互相学习、交流,从而最大程度地激发学生的学习兴趣和潜能。当前以先学后教为特征的翻转课堂重构教与学的时间,将学习的决定权从教师转移给学生,培养了学生自主学习能力,有助于学生形成不同知识之间的链接、迁移,从而使注重培养学生高阶思维能力的深度学习成为可能。在信息技术的支持下,学生的学习将真正实现从"标准化"的集中听课走向"个性化"的自主探究,从课堂内走向课堂内外相结合,大大拓展了学生的学习时空。

(三) 学习内容:从固定、统一走向开放、定制

在传统学校,学生学习的知识主要来源于纸质材料,包括教材、教辅等。在信息时代,学生学习的课程资源呈现出传统纸质教材与数字化学习资源相结合的趋势,包括印刷教材的数字化、网络课程、教学课件、音像制品等。课程资源汇集在"云"端,学生通过各种联网的电子设备(如

---

① [英]安东尼·塞尔登、奥拉迪梅吉·阿比多耶.第四次教育革命:人工智能如何改变教育.吕晓志译.机械工业出版社,2021:126.

PAD、可穿戴设备、电脑、电视等)便可便捷地获取学习资源,同时教师也可根据教学目的与设计及学生能力和需要为学生推送定制的学习资源,使学习资源从固定统一走向个性定制,学生可随时开展自主学习和合作学习,更能满足学生多样化需求。

与传统纸质教材的平面化、单向性相比,数字化的课程资源具有可视化、立体化、交互性等特点,使得知识的呈现更为生动。"以计算机为媒体的教材实现了学生与教材的双向交互化"[①],这种互动大大提高了学生的学习兴趣和学习效率,学生学习更主动了。数字化课程资源还具有开放性和共享性特点,"课程的开放允许学生在学习过程中为课程贡献独特的内容,使其既成为课程内容的消费者,也成为课程内容的生产者,真正实现课程内容的生成与进化。"[②]课程的共享性建立在其开放性上,体现在不同学习者可以在网络上共同学习同样的知识,并开展交流、讨论,协同解决问题,共同进行知识建构。

(四) 教学相长:教师角色的转变

在"互联网＋"时代,学生作为信息社会的"原住民",他们对技术的接受速度和程度也许超过了老师,而在知识的获取方面,学生借助互联网可以获得丰富的远超课堂教学范围的学习资源,这些都可能挑战到教师的传统知识"权威"形象。但正如韩愈所言"弟子不必不如师,师不必贤于弟子",老师完全没有必要为在技术的使用上落后于学生而感到难堪,而是需要在信息时代重新定位自己的角色。教师们应持有开放的心态,信任学生,甚至向学生学习。未来师生关系应该是一种互教互学,教学相长的师生关系。在这种师生关系中,教师不再只是知识的传授者,而是集合了教学活动的设计者、学习活动的组织者和引导者等多重角色。学习过程

---

① 张维忠、杨晓宏、薛荣.现代信息技术及其对课程发展的影响[J],电化教育研究,1997(4):22—24.

② 余胜泉.未来学校[M].电子工业出版社.2019:85.

不再只是知识的传递过程,而是学生通过参与教学活动,在活动中发现、提出、分析和解决问题,从而主动建构知识的过程。在活动开展过程中,教师为学生设置学习任务后,或者根据学生需要给予指导,或者与学生进行交流、讨论,推动教学活动顺利进行,最终达成学习目标。

教师角色的转变对教师的专业素养提出了新的挑战,教师必须具备信息化技能,更好地利用技术为教学服务,例如会使用各种信息技术、数字化教学平台的能力,利用各种资源开发数字课程的能力,利用数据分析、诊断教学情况的能力,能够为学生创设数字化学习环境的能力,等等。教师不仅要提高自己的信息素养,还要培养学生在面对海量信息时的选择、分析能力,"教师要在课程中着重培养学生评估、分析信息的能力,不断引导学生形成信息意识,以帮助学生有效地获取、处理、组织和分析信息资源。"①

(五) 学习评价:精准化的学习诊断与改进

《新时代教育评价改革总体方案》出台以来,我国教育评价领域发生了深刻的变革,但不可否认当前对学生的学习评价仍难逃以测试为主,偏重学生知识掌握、注重学习结果的评价等窠臼,未来学生学习评价的变革无论从观念上还是技术上还需要更进一步的探索。

在信息时代,大数据、人工智能等无疑会助力于学生学习评价的变革。"互联网使得嵌入学习过程的伴随式评价成为可能,在评价方式上从总结性评价发展为过程性评价,更加重视评价的判断、激励与改进功能,更加关注学生的个体差异,尊重每个学生的特点,促进学生个性化、全面发展"②。评价不只是为了选拔,也是为了在了解学生真实学习效果的基础上进行诊断和改进,而技术可以使评价的诊断和改进功能发挥得更好,也使得评价成为一种即时性的反馈,让师生及时调整教与学。例如,借助计算机自适

① 袁利平,杨阳. 面向未来的课程图景及其实现[J]. 教育科学研究,2020(4):10—15.
② 余胜泉. 未来学校[M]. 电子工业出版社. 2019:15.

应测试(CAT)使用迭代算法来适应不同学生的能力水平,如果学生答对了前面的题,后面的题难度就会加大。通过不断地自我评估和及时反馈,学生可以掌握自己的学习进度。同时,各种智能设备通过对学生一段时间学习的记录和监测,形成学生学习和成长的各阶段发展的电子档案,而教师可以分析过程性的数据来精准诊断学生的学习情况,分析学生的能力和素养,进而分析电子档案来调整教学设计和进度、优化作业设计等,为学生提供更精准的指导,帮助学生制订更有针对性的学习计划,真正做到"提质增效"。北京师范大学未来教育高精尖创新中心开发了智慧学伴[①],通过收集学生在线学习和交流的数据,以及学生参加测试的结果,对学生掌握的知识点进行分析,综合每个学生的学习情况来了解全班同学在某一课程学习上的分布,以判断该课程的教学情况。在此基础上,任课教师还可以比较不同班级在该课程上的差异,可以判断不同班级在哪些知识点存在什么样的差异,从而针对不同班级提供不同的教学和辅导。

此外,不仅可以借助计算机进行测试,还可以借助计算机进行智能批改,这样可以有效避免教师在评价学生时产生的偏见和不公,还可以解决学生剽窃和抄袭的问题[②],因而技术提高了评价的客观性和科学性。

当然,以上对未来学习在信息时代新变化的描述相对来说还是一种乐观的展望,需要思考的是,信息技术对未来学习是只有正向影响而无任何风险吗? 答案是否定的。诚如任何事情都是有利有弊的,信息技术也不例外。安东尼·塞尔登等人认为人工智能存在着十大潜在风险。以教师受到的挑战为例,由于学生通过互联网学习,其掌握的知识可能会超过教师,由此"教师丧失对学生的控制权""教师的专业性降低"[③]。人工智

---

①　余胜泉.未来学校[M].电子工业出版社.2019:102.

②　[英]安东尼·塞尔登、奥拉迪梅吉·阿比多耶.第四次教育革命:人工智能如何改变教育.吕晓志译.机械工业出版社,2021:133.

③　[英]安东尼·塞尔登、奥拉迪梅吉·阿比多耶.第四次教育革命:人工智能如何改变教育.吕晓志译.机械工业出版社,2021:213.

能存在风险,但不能由此否定其为教育带来的机遇,教育要做的是预防风险,抓住机遇,更好地利用人工智能为教育服务。

二、平阳课程的未来形态

从1918年博比特出版《课程》一书算起,课程研究已经走过了百年历史。时代变化是课程研究的主要动因,而课程研究的每一次进步无不刻有时代的印记,课程形态的变化总是受着新技术的推动。信息技术的发展也必将影响到未来课程形态的变化。关于未来课程,英国课程专家麦克·扬(Michael Young)提出了知识和课程的"三种未来",其中,"未来一"是传统的知识中心主义课程观;"未来二"是建构主义的、技术工具主义的课程观;"未来三"是社会实在论取向的课程观。"未来一"认为知识具有客观的、既定的、静态的等特征,通过读识记来获取知识,具有保守性,与过去相连;"未来二"认为知识是社会性的个体经验的技能,通过与日常生活互动、关联、对话,自我建构来获得知识,由学习者主导,且与信息技术相耦合,学科之间的边界被打破,教师与学习者之间的边界被削弱;"未来三"在批驳"未来一"和"未来二"的基础上提出新的知识观,既承认知识的社会性与历史性,也承认知识的概念化与客观性。通过学科本位的教学来获得知识①。

在未来,"课程不应只是知识的载体,而是要有'百度'所不具备的、能够引发学生反思、探究、建构的内在神蕴并以双重形态呈现:即完成与未完成、完美与可质疑、终结与开放,等等"②,因而未来的课程不只是编制人类已有的确定的知识,而且也从学生的成长与发展的角度,从培育学生核心素养的角度来编制、设计课程。正是基于这些考虑,平阳小学未来课

---

① 许甜.知识与课程的"三种未来"[J].北京教育学院学报,2017(5):19—28.
② 郭华.课程研究的未来想象[J].全球教育展望.2019(7):19—31.

程将呈现出基于信息技术的开放式、融合式、体验式、交互式等众多特质，采用人机结合的方式来实施课程，基于大数据来评价课程。但我们也清醒地认识到，技术永远是手段，人的发展才是目的，因此，课程的形态无论如何变化，其终究是以人为中心的。

（一）课程开发：已有课程的画像

1. 线上线下相结合的融合式课程

信息技术与课程的融合经历了四个阶段：信息技术作为学习对象的整合阶段；封闭式的、以知识为中心的信息技术与教育的融合，未来课程突破了单一的文字和实物为载体的资料而呈现出数字化、立体化的形态，除了有传统的教材、教学大纲等，还有基于信息技术的学习资源、教学自由、教学工具等，如智能化的教学软件、仿真式的实验等，越来越多地体现出实物与虚拟事物相结合、线上与线下融合的特点。

借助各种信息平台，我们开展融合式教学，一方面将课堂教学与在线教学相结合，将教师的教学行为从课堂内拓展到课堂外，学生可以随时向老师请教；另一方面开展大单元教学设计，分析各门学科的内容，重新统整课程内容，并依据课程内容，创设情境化的学习环境，激发学生参与交互式学习的兴趣与热情。而这种融合式教学也使静态单一的教学变得更为生动灵活。

2. 基于项目的跨学科课程

现在及未来很长一段时间内学科之间的边界不可能完全消除，因而学科主导的课程与教学仍然是学校教育的主要形式。但也需要看到的是，随着一些新的综合领域问题出现，靠单一学科无法完全解决，需要某些学科共同去解决，形成了一个融合了多学科的新的学科形态，即所谓的"跨学科"或"交叉学科"。

项目化学习（Project-Based Learning，简称PBL）是基于真实情景，以问题为驱动的一种教学方式。项目化学习基于真实的问题情景,在同一个主题下,融合了多种学科知识,需要师生通过以跨学科的方式开展教与学。学生在项目化学习中,需要提出问题假设,进行自主实践探究,充分运用到自己的核心知识(可以是一门学科的,也可能是多门学科的)、批判性思维、创造力和沟通技巧等多种素养,最终找到解决问题的答案。我校开设了项目化学习的 STEAM 课程,STEAM 课程是由科学、技术、工程、艺术、数学五门学科融合后形成的跨学科课程,五门学科并非简单叠加,而是将其相关内容进行有机整合,以更好地培养学生的科学素养、技术素养、工程素养、艺术素养和数学素养。STEAM 课程具有"跨学科、趣味性、体验性、情境性、协作性、设计性、艺术性、实证性和技术增强性等"①特征。

我们开设了"爱眼护眼你我同行"的 STEAM 课程,课程分为两大板块:《爱眼小卫士》和《眼镜与美学》。在《爱眼小卫士》板块,我们通过参观某眼科中心,首先邀请医生开设科普讲座,让学生了解形成近视的原因及爱眼好习惯。接着在眼科中心老师的带领下学生来到了验光体验区,通过老师的实践操作教学,深入了解屈光发育档案所涉及的眼睛各项检查项目及仪器的操作说明,指导学生指视力表,进行标准视力测试及记录,关注眼睛发育数据,学习数据分析及报告。最后由老师指导学生学习电脑验光仪的操作及数据解读,学会分析验光数据,并通过用数码裂隙灯观察眼睛的外形结构。通过《爱眼小卫士》板块的学习,学生了解了爱眼护眼的科学知识,学会了数据分析。在《眼睛与美学》板块,通过引导学生对人脸的分析,探究不同造型眼镜与不同脸型之间的美学关系,小组合作开展 DIY 手工眼镜制作,从而学会搭配眼镜,对眼镜的挑选有更深层次的认识。"爱眼护眼你我同行"的 STEAM 课程可以更好地让学生掌握视觉健康相关知识,学会欣赏美,并提高他们的动手能力及促进团队合作和

---

① 余胜泉,胡翔. STEM 教育理念与跨学科整合模式[J]. 开放教育研究,2015(4):13—22.

组织积极主动性。

3. 关联生活情境学习的体验式课程

未来学习是基于建构主义理念之上的,与传统教学强调学生对知识的被动接受不同,建构主义以学生为中心,强调学生对知识的主动探索、主动发现和对所学知识意义的主动建构。在主动建构的过程中,学生从一个个"抽象"的个体成为了"具体的人",在学习过程中,学生的"学"而非教师的"教"处于中心地位。体验式学习让学生真正成为学习的主体,学生通过自身参与、从事活动,获得更为直观的经验,形成自己的独特体验,获得学习的意义。麦克欣尼·格林认为课程设计的原则是提供给个体"获取意义"的机会,如果知识仅仅停留在学生的体验之外,与学生的生活无关,那么这样的知识不过是一堆"死"的知识,不利于学生将知识应用到真实的生活场景。

为了增强学生学习体验,"活化"知识,我们开设的"Walking 上海"等以主题为导向的活动课程,创设真实的支持性学习环境,遵循从儿童生活出发选取主题的原则,鼓励儿童在情境中发现问题,在合作互动中多视角看待和分析问题,让每个儿童都有机会参与尝试,支持、鼓励他们大胆提出问题,发表不同意见,学会尊重别人的观点和经验。通过活动,儿童也体验到与老师、与同伴之间的相互接纳。例如,一位老师开设了一堂"奇妙的影子"主题活动课程,设计了三个主题板块的活动:我与自己——《影子趣多多》;我与自然——《影子大发现》;我与社会——《影子真神奇》。通过三个板块的主题式综合实践活动的开展,引导儿童在真实的情景中认识影子,知道影子的形成原因,发现影子与生活的密切联系,影子里面藏有很多科学的道理,以及随着科技的发展影子在科学、医学、军事领域的应用,帮助儿童从小树立科学的眼光、发展的眼光,推进学生的可持续性发展。

与学生真实情境、真实生活相连的活动课程,对于增强学生的学习体验,帮助学生理解学习内容,提高学生解决问题的能力具有重要作用。未来我们将不仅通过活动课程增强学生学习体验,也将充分利用信息技术,为学生的学习创设真实的生活场景,提供与学习情境相关的学习资源,让学生沉浸在学习过程中,让学生更高效地学习。

(二) 课程实施(微观):聚焦学生核心素养培育

在课程实施方面,传统的以知识的传授、接受式学习、强调知识的记忆与存储等为特征的课程实施显然已经不适合当代及未来社会发展对学生核心素养培育的要求。

进入新世纪以来,世界发达国家或组织纷纷提出了21世纪人才核心素养。2005年,欧盟正式发布《核心素养:欧洲参考框架》(Key Competences:A European Reference Framework),向各成员国推荐8项核心素养作为推进终身学习和教育与培训改革的参照框架。8项核心素养包括使用母语交流的能力、使用外语交流的能力、数学素养与科技素养、数字化素养、学会学习、社会和公民素养、主动与创新意识、文化意识与表达,并且每一素养又从知识、技能与态度(knowledge,skills and attitudes)三个维度进行具体描述。

世界经济合作与发展组织(OECD)核心素养框架将核心素养划分为互动地使用工具、在社会异质群体中互动和自主行动三大方面,其中"互动地使用工具"包括互动地使用语言、符号及文本的能力,互动地使用知识和信息的能力,互动地使用科技的能力;"在社会异质群体中互动"包括与他人建立良好关系的能力、合作的能力、控制与解决冲突的能力;"自主行动"包括在复杂大环境中行动的能力、设计人生规划与个人计划的能力、维护权利、利益、限制与需求的能力。

新加坡政府设置的21世纪技能包括三项,一是交流、合作与信息技能,二是公民素养、全球意识和跨文化交流技能,三是批判性、创新性思维。

美国21世纪核心素养框架主要包括"学习与创新技能"(创造力与创

新、批判思维与问题解决、交流沟通与合作)、"信息、媒体与技术技能"(信息素养、媒体素养、ICT 素养)、"生活与职业技能"(灵活性与适应性、主动性与自我导向、社会与跨文化素养、效率与责任、领导与负责)三个方面。

芬兰提出未来人才需要具备以下七大方面核心素养与能力:思考与学会学习的能力,多元文化认知、社会交往与自我表达能力,自我管理与日常生活能力,综合素养、信息技术与沟通能力,就业与创业能力,可持续发展意识与社会参与能力等。

2016 年,《中国学生发展核心素养》正式发布,包括文化基础、自主发展、社会参与三个方面,人文底蕴、科学精神、学会学习、健康生活、责任担当、实践创新六大素养。

从以上国家或国际组织提出的 21 世纪学生核心素养来看,学生核心素养大体可以分为三类,一类是通用能力,包括交流与合作能力、创新能力、批判性思维能力等;二类是基本素养,包括公民素养、社会责任等;三类是特殊领域的能力,如信息素养等科技素养。从未来学生核心素养来看,以讲授式为主的传统教学形态已无法完成培养学生核心素养的使命,必须有适应未来学习的新的教学形态。

1. 给更精致的学习提供更精准的教学

在未来智能化时代,学生的学习是集体学习与个体学习相结合的,无论是何种形式的学习,学生的学习都体现出更精致的特征。精致学习意味着学习的精巧细致,更具针对性和个性化,更有效率,更加凸显个体意义在课程中的建构。未来智能学习空间基于"互联网＋"为学生学习提供了丰富的软硬件技术及学生友好的交互教学平台,学生的学习超越了纯粹基于课本的抽象知识学习,使得知识学习更为具象,联通了学生的课堂知识与生活世界。学生在教师的帮助下,按照自己的学习节奏探索知识,自主学习,在参与和体验中,对知识的理解加深了,培养了分析和解决问题的能力。通过与电子设备之间的交互,学生能够得到及时学习反馈,并根据反馈调整改进学习。

针对学生精致化的学习,教师需要提供更精准的教学。更精准的教学体现在教学的整个过程中,即教学前、教学中和教学后。在教学前,教师通过大数据分析近几届学生在学习同样知识点时存在的困难和问题,精心设计教学环节,为学生提供学习资源,创设良好的学习氛围。同时分析学生预习的情况,依据学生的掌握程度进行分层教学,在教学中尽量关注到不同学生;在教学过程中,根据学生掌握知识的程度采用多种教学方式,形成优势互补,除了传统的面对面教学方式,还利用信息技术将面对面的学习与虚拟教学有机结合,充分调动学生的学习积极性,实现知识的传授转向知识的建构,充分发挥学生的学习主体作用;在教学完成后,通过精心设计分层作业,充分照顾到学生的差异。通过分析、评价学生的作业,查找不同学生的薄弱点,提供有针对性的辅导。

2. 在学习过程中形成学习共同体

学习共同体(learning community)或译为"学习社区",是指"一个由学习者及其助学者(包括教师、专家、辅导者等)共同构成的团体,他们彼此之间经常在学习过程中进行沟通、交流,分享各种学习资源,共同完成一定的学习任务,因而在成员之间形成了相互影响、相互促进的人际联系。"①在传统教学环境里,以班级为单位的学生每天都是面对面,一个班级便构成了一个学习共同体。但在智能学习空间里,学生除了与同学交流之外,还会有与机器之间的互动,更强调学生的个性化学习,那么,这种人-机互动是否意味着难以形成学习共同体呢?因为在滕尼斯看来,共同体是持久的、真实的共同生活,是一个人与人之间真实的、有机的、有生命力的关系,似乎学习共同体必须基于人与人之间直接的交流互动。在未来学习中,实体空间与虚拟网络相结合,同样可以形成更大范围的学习共同体,超越了滕尼斯对"共同体"定义,体现出共在、共享等特点。

我们以信息化平台建设为中心,构筑了多种形式的学校合作共同体。

---

① https://baike.baidu.com/item/学习共同体.

首先是教师专业合作共同体，一是校内教师的合作共同体，除了传统的年级组、备课组、教研组，我们形成了多向互动合作的小组，如跨学科教研组，既开展小组内的专业交流，也开展以学校为平台的专业交流，校内合作共同体的建设融洽了教师之间的关系，改变教师教学研究各自为战和孤立无助的状态，使教师之间的经验交流和共享更为便捷，有利于提升教师的专业水平；二是校外教师的合作共同体。通过信息化网络平台，我们建立了校际间的教师合作共同体，将不同学校教师、教师与教研员等人员联结起来，互相交流、指导教育教学，共享教学资源、教学设计等，大大提高了教学效率。例如，我们在"合作伙伴"的教研活动中，依靠区教研员的指导，开展了"三学期三反思"的行动研究，通过在这三学期中实践、讨论、反思，再实践、再讨论、再反思，最后建立了以教研组合作探究为途径的校本培训模式。

其次是学生学习共同体，学生通过参与小组、社团等形式，形成以兴趣、课题、活动等为内容而组建的多种形式的共同体，通过线上线下共同完成既定的学习任务。在学习共同体内，学生相互交流、讨论，共享学习信息与资源，共同解决面对的困难，共享成功的喜悦。这种学习共同体突破了传统的以班级成员为核心、以校内活动为主的共同体，实现了活动主体和空间的拓展。

3. 以信息技术为媒介的新教学方法

随着信息技术与学校教育的融合，教师的教与学生的学都发生了深刻的变化。在教学中，我们选择采用了一些新的教学方法，包括"可视化学习""逆向教学设计"等。

什么是可视化学习？2009 年，墨尔本大学教授约翰·哈蒂在其著作《Visible Learning：Maximizing impact on learning》提出了 Visible Learning ，可译为"可见学习"或"可视化学习"。哈蒂认为"可视化"具有两层含义：一是让教师看见学生的"学"，教师能清楚得看到自己所起的作用；二是让学生看见教师的"教"，促使学生逐渐成为自己的教师。通过可视化的教与学,让师生实现角色互换,关注教与学对对方产生的影响,从而提高教与学的有效性。可视化学习通过将学习场景的可视化,将不可视的抽象知识转化为可视化的知识场景,增强了知识的友好性和可亲近度。例如,我们利用希沃交互白板在课堂教学中的优势,构建一个交互式的、可视化的学习环境。教师提出学习问题,引导学生思考,而学生将自己的思考过程通过图示在白板上呈现出来,实现从知识的可视化到思维的可视化,并通过讨论交流,共同建构知识,从而掌握知识并实现学习方式的变革。

逆向教学设计是由格兰特·威金斯和杰伊·麦克泰格在其著作《追求理解的教学设计》中提出一个概念,是与传统教学设计相对而言的一种教学方式。传统教学设计往往是从目标到结果,分为聚焦活动的教学和聚焦灌输的教学两大类,而逆向教学设计则是"以终为始",即从想要达到的学习结果开始,即先确定学习结果以及证明学习结果达到的评价标准,然后依据学习结果的达成来设计教学过程,学生如何才能获得预期的结果,需要哪些知识、技能、资源等,更加关注学生的学而非教师的教,在其中,教学评价伴随整个教学过程,真正做到教-学-评的一致性。在逆向教学设计中,教师需要关注"9个关键要素,即系统思维、关注学情、追求理解、寻找证据、设计任务、制定标准、明确方向、搭建框架、深度探究"①,因而逆向教学设计也是一种基于理解的教学。我们充分借助各种信息技术,将逆向教学设计的思想融入到教师的日常教学设计中,改变传统仅关注教材的教学设计,转向基于课程标准的教学设计,先确定学习结果和评价标准,通过计算机收集、诊断学生过程性学习情况,在此基础上进行及时调整教学过程,直到达到预期的学习结果。

三、技术赋能的助学空间

我国教育学者朱永新基于互联网的发展提出他对未来学校的畅想,

① 褚清源.借力逆向教学设计[N].中国教师报.2021年01月20日第4版.

"今天的学校会变成明天的'学习中心'"。从"学校"到"学习中心"的转换并不只是简单的名称转换,未来学校是通过技术赋能而成为学生自主学习的活动空间或学习中心。所谓技术赋能是指通过技术,人的能力得到了增加或扩张,由此带来工作效率和质量得到较大提升,从而产生相较于之前有了更好的新结果。当前信息技术的快速发展及其便捷性将加快以智能为主要特征的学习空间建设。《中国教育现代化2035》强调,教育现代化就是要运用新技术新设备促进学校创新,建设智能化的智慧校园,建设智能化现代化的学校环境。可以说,将学校建设成智能化的学习空间是实现学校提质增效,推进学校教育高质量发展的重要前提。

对于什么是智能化学习空间,有研究者认为,智能化学习空间是以人为中心的适应性信息系统工程,其由三个核心要素构成:智能教育公共服务平台、泛在通信网络、智能学习终端。智能教育公共服务平台是服务引擎,是教育智能空间的中枢,应用云计算、物联网、移动通信、大数据分析等新一代信息技术,是学习内容与学习服务的集散地。泛在通信网络提供巨大的数据流量,通过连接各种智能终端设备感知用户及周边环境的场景信息,自动选择合适的传送方式,将正确的服务准确传递给有需求的用户。智能学习终端是学生进行泛在学习的接入工具和学习媒介,包括笔记本电脑、平板电脑和智能手机等。[①] 这三个核心要素也即人们通常所说的云、网、端,三者的一体化就构成了智能化学习空间,这种学习空间借助信息技术与设备,为学生的个性化、自主化、深度学习提供全方位的支持。

正是基于以上对信息技术与现代教育的深度融合趋势,平阳小学参与华东师范大学基础教育改革与发展研究所"未来学校"项目,将全方位打造未来学习空间作为重点项目,在物理技术层面、人文理念层面,开发学生多样化、无边际的智能化学习空间,打造智慧校园。在数字化技术的支撑下,学校对现有的物理教学空间进行了多样化的设计,帮助为种子少年找到更适合自身的学习方式,让环境为学习者的成长注入新的动力。

---

① 余胜泉.未来学校[M].电子工业出版社.2019:23.

(一) 深度整合信息技术,促进课堂学习的个性化

"未来学校"是通向"智能技术"的学校。这是以人工智能为代表的信息技术所重塑的智能化学校——"智慧学校",凸显出学校教育的数字化和网络化。理想的智慧学校,是机器的智慧和人的智慧、人工智能与人类智能比翼齐飞、交互生成的学校。人工智能进学校,其目的不是实现技术设备的更新换代,也不只体现在技术手段的提升上,而是表现在人身上,是以人为中心的,体现在人的生命健康和主动成长上。"推进信息化建设改革要聚焦学生的学习参与和学习体验,发挥学生积极性、主动性、创造性是智能化校园的核心要领。"①而聚焦学生学习的信息技术使得课堂学习的个性化成为可能。在传统教学中,由于教师面对班级授课时间和精力有限,无法顾及不同学生之间的差异,学生被同质化。在未来学校,教师可以借助信息技术,实现差异化教学,学生可以根据自己的学习兴趣和进度选择适合自己个性发展的课程,满足学生个性化需求。

我们借力"未来学校"项目的技术应用于课堂教学,师生基于教学情景进行协作、问题解决,其高度的互动性将带来新知识、新体验的生成。未来课堂教学结构主要包括教师与学生、教学媒介以及师生认知三大要素。尊重每一个生命,平等和谐师生关系的形成,虚拟与现实教学媒介的重新整合,宽松的学习氛围都将为学生打造未来课堂的新样式,为学生量身定制个性化的学习菜单。学生根据菜单进行自主学习,而教师在整个教学过程中密切关注学生的学习情况,跟踪指导学生。

(二) 建立未来"星空苑",促进学生学习的综合化

"未来学校"是通向"自由学习"的学校。当教室主体从教师转为学

---

① 朱益明,王瑞德等著.中国教育现代化 2035:从规划到实践[M],上海教育出版社.

生,打破教室的边界,对接国际交流。建立一个"星空苑",从视频、动画、音乐工作站到最先进的视讯会议和演播室,通过把所有的信息技术集成在一个物理空间中,它创造了一个"全数字化"的环境。在"星空苑",学生可以和另一个远方教室进行无边界交流和学习,师生在这里不需要在数字环境和传统环境二者之间频繁切换,学生的学习更加综合。

　　未来学习空间的布局应当是灵动的,除了配备各类专用教室如我校的木创教室,还要创新教室布局,配备可移动、易于变换的桌椅、黑白板,甚至是可移动的教室,如集装箱教室,提供更加丰富的技术和资源,又比如在教室的墙上多放置几面希沃电子黑板,支持教师随时随地用项目化学习的方式来开展多样化的教学活动,增加各种数据统计的设备,提供更加智慧的育人环境。其次,为学生建立可以自由学习的安全实验室,探索非正式学习区,给学生提供自主发展的物理空间。第三,为学生创建社会性活动空间,扩展学校的公共空间,给学生提供更多的活动和交往空间,让学生在交往中建立人际关系。

（三）优化新型学校空间,促进学生学习的自主化

　　"未来学校"是通向"多元学习"的学校。未来学习空间将打造以学生为中心的多元学习空间,学校公共空间功能改造,促进学生学习的自主化。自主学习强调学生在学习中的主动性、自觉性、独立性等,凸显了学生在学习中的主体地位。随着知识信息的海量增长,仅靠学校教师的传授已无法满足未来学生的发展需求,需要培养学生的自主学习能力。学生通过机器,可以实现更好地预习、复习,学习到更多与课本相关的知识,更多地参与到课堂讨论中来,提升学生对知识的掌握程度,从而更好地培养学生高阶思维能力。

　　解放束缚、开放自由的学习模式在未来教育模式中,除了用来服务讲授式学习场景的普通教室外,根据不同学习目的需要创建不同类型的教育空间。例如有小型的会议室方便学生进行项目讨论,以及可以进行自

由组合的开放空间,做小型演讲、讨论、自习、展示等。公共空间功能改造目标是:能让学生在校园中 30 秒内能找到一个可以展开讨论的地方。

我们在课程架构中对学习内容进行调整后,通过项目式、主题式教学设计,面向真实问题重组教学内容,采用主动的、探究式的、理解性的学习方式,培养学生自主学习能力和应对复杂情境、解决真实问题的能力。未来是技术化的时代,大数据驱动改变发生的前提是获得数据。我校准备开设实验班,开展班级如何学习的模式研究,借助智能手环、智能平板等工具,利用新的技术手段测量学生的认知特点和学习特征,设计个性化的学习推送方案,探索不同技术条件下的差异化教学策略,因材施教、因能施教,促进信息技术与教育教学的深度融合。

(四) 构建学校社区深度融通,促进学生学习的泛在化

"未来学校"是通向"社会社区"的学校。未来学校与社区之间形成相互促进的共同体,形成"学校在社区中,社区在学校中"的学习型社区。两者不再限于互为旁观者和协作者,而是互为建设者,从"我和你"彻底变成"我们"。芬兰对未来学校成为学习型社区,提出了六个维度的学校文化建设方向,包括公平与平等、参与与民主、日常生活中的安全福利、对话与多元工作方法、欣赏不同文化与对语言的认知、对环境的责任与未来的方向[①]。学校与社区之间积极开展对话、协商、合作,共同致力于为学生发展打造最为和谐的人文环境。

随着信息技术的发展,学习无时无处不在,未来学校的物理空间将会以传统教室向社会空间进行拓展,学生的教育要利用更多的社会资源来解决,未来社区、家庭资源、社会资源都是很好的资源,要为未成年人服务和发展做出改变,让学习空间更为情景化和智能化。学习既可以在教室,也可以在社区、各种场馆,可以是学生家长就职的企业,甚至可以去不同

① 严星林.面向未来的芬兰课程改革[J].中国教师,2017(10):88—92.

城市游学。学校将突破校园的界限，任何可以实现高质量学习的地方都是学校。"Walking in 上海"是我校的特色课程，我们将继续依托该课程挖掘外部社会的教育资源，使学校与社区、家庭形成良性互动。根据社区特点、学段特点和学生发展需求，以社区为载体，让学生走进社区的图书馆、活动场馆，也让社区共同参与学校课堂建设。校社融通，成为学校育人新空间，为学生打造新的学习中心，学生可以通过参与社区活动融入社会。

（五）构建师生发展数据库，勾画数字化学生和教师画像

"未来学校"是通向"数字化空间"的学校。无论是学生的学习和教师的教学，通过信息化手段都可以留下形式多样、信息丰富的"痕迹"，而这些"痕迹"可能是大量的数据，也可能是定性的记录。对学生而言，我们借助通过电子设备记录每一个学生从入学以来的成长足迹，不仅是学业成绩，也包括德美体劳等其他方面的信息，形成一个数据库，并每一学年做一次分析，既看每一个学生一年来的发展情况，做纵向对比，分析学生在哪些方面取得了进步，在哪些方面还存在不足，从而形成一个数字画像。同时，将每一个学生与整体学生发展进行比较，进行横向对比，与同班同年级学生相比，了解该生处于什么样的位置，需要提供哪些有针对性的指导。对教师而言，我们对每一位老师的电子课件、教学视频（包括公开课与常规课）、作业设计等收集起来形成教师发展的"资料库"，教师可定期进行自评，年级组和教研组之间也可进行互评，通过基于"证据"的评价不仅可以清楚地知道每位教师发展的阶段，形成教师发展"画像"，也可以促使教师反思教学，并不断改进教学。

说"未来"未来，是一个事实判断；说"未来"已来，则是一个价值判断，表达了一种未雨绸缪的预感，一种提前行动的决心，以及"从现实中发现未来"的洞见。学校对海派文化课程的探索，是一场对未来的美丽邂逅，

是一次智慧而又冒险的旅途,更是一种自主自觉的成长。相信,有党的方针政策的引领,有全体师生员工的决心和努力,有家长和社会的大力支持,有越来越先进的信息技术加持,平阳小学海派文化的课程建设,此情可待、未来可期!

附　录

平阳小学教师论文（案例）精选

陆彦甲："双减"背景下的劳动教育课程实施

随着 2021 年开学季的"双减"政策的实施，劳动教育越来越受到关注。事实上，自 2019 年以来，国家已陆续出台相关文件，多次强调要加强劳动教育。去年 3 月，《中共中央国务院关于全面加强新时代大中小学劳动教育的意见》印发，指出要在大中小学设立劳动教育必修课程和劳动周，将劳动素养纳入学生综合素质评价体系，并在劳动教育的时间上作了详细的规定。"双减"政策的实施，让学生有空余的在校时间去从事自己感兴趣的活动，同时学校则需要设置与之匹配的劳动教育课程。下面我以我校的"海派木创"课程为例，介绍我校在"双减"背景下的劳动教育课程的实施。

一、重塑教学模式,拓宽学生劳动时空

我校设置在课后看护第二时段(16:30——17:30,共 1 小时)以特色课程群的形式进行社团活动。"海派木创"课程作为学校的特色课程之一,是一种以跨学科学习方式统整学生体验木工创作的生产劳动课程,肩负着丰富课后看护的形式和拓展劳动教育内涵的使命。

图 1 工程设计模型

例如在《海派交通》一课中,根据 35 分钟教学时间我们设计通过图片和视频让学生了解黄包车的结构,再根据配套材料,对木材进行简单的切割、打磨、钻孔、拼装等加工活动,从而完成对黄包车的搭建。但把这样的教学内容再拿到课后看护时段中进行教学就略显生搬硬套了。经过我们教研组的研讨,加入了工程设计流程法,将问题抛给学生——你们觉得黄包车有什么功能? 如果让你设计一个现代的黄包车,还需要设计哪些功能呢……一个个问题的提出,引领学生不断的进行着问题发现和解决;通过进行自主设计,学生承担起生产劳动的角色,主动地学习生产劳动中涉及到的劳动技能(锯、钻、磨、刨等),磨炼了劳动意志,提升了劳动的情感。

【案例】:《海派交通》

师:图片上的交通工具大家都认识吗?

生：黄包车。

师：黄包车可是你们爷爷奶奶小时候很重要的交通工具，可是随着现代科技的进步，现在已经逐步离开了我们的生活，你们觉得它有哪些问题？

生：速度慢、坐得不舒服、缺少空调……

师：那我们今天就来帮助黄包车进行一场大改造，让它满足我们现代出行的需求。

图 2　学生活动照片

二、创设多元路径，关注学生劳动素养

劳动是人类社会生存与发展的基础，在日新月异的新时代，加强劳动教育既是教育本质的回归，也是为学生终身发展和人生幸福奠基的必然要求。对于广大教师而言，要深刻把握新时代劳动教育的本质，加强劳动价值观培养，帮助学生树立正确的劳动观念、积极的劳动态度，促进学生养成良好的劳动习惯，学习掌握基本的劳动知识与技能。

例如在进行《解码鲁班锁》一课时，虽然课本上有图示和文字说明，现场有教师的讲解，但学生有着个体的差异性，很难完全理解三通鲁班锁的拼装。学生学习是课堂活动的主体，教师要从不同层次学生的学习需求与教学目标出发，对教学的内容与方式进行重新整合，安排不同层次的问题满足学生的学习需求。对于基础层次的学生，教师要设置多条学习路径，帮助学生找到适合自己认知规律的途径来进行学习。对于中间层次的学生,教师要进行精细讲解,在培养其学习兴趣的基础之上,使其掌握基础技巧,培养自主学习能力。对于优秀层次的学生来讲,教师可以设计开放性的题目,引导学生进行独立思考,提高学生的思维发散性,同时帮助其他学生达到教育教学目的。

【案例】:解码鲁班锁

(1) 出示成品图,初步玩一玩。

师:今天老师带来了一个榫卯结构的玩具,请大家根据成品图一起来尝试玩一玩。

学1:老师,我已经组装出来了。

师:你真棒,老师待会请你上台给大家介绍一下拼装的经验。

这类学生逻辑思维能力和空间想象能力比较强,平时生活中可能有玩魔方的基础,可以凭借自身能力完成三通锁的拼装。对于这类学生可以给他们设置高难度的任务,例如对三通锁的过程进行梳理总结并分享经验。

(2) 发放小锦囊,继续来拼装。

师:如果对拼装有困难的同学,可以问老师要一个小锦囊,它可以进一步帮助你完成拼装。

学2:老师,我们需要小锦囊。

……

师:没完成同学可以通过借鉴完成的同学的拼装步骤。

学3:老师我完成啦。

这类学生属于该课教学中的主体,他们在以往的生活经验中缺乏相关的学习经验,需要借助锦囊中的步骤图来完成三通锁的拼装。同时,未完成的同学可以观看完成同学的拼装步骤,更直观的了解拼装步骤。

(3) 演示教学。

师:老师看了一下,大多数学生已经完成了三通锁的拼装。没有完成的也没有关系,我们跟着拼的最快的同学一起来拼一下。

学1:首先我把三通锁分成1、2、3号木块,先把1号插入2号的短边出,再把 3 号插入 1、2 号木块的木槽处,最后拉动 3 号木块完成固定。

学 4:老师我明白了,我想再试一下。

图 3

(4) 再次组装,教师个别指导。

我校木创课程在内容设置上选取具有趣味性、游戏性的劳动教育活动,让学生懂得劳动的价值,体验劳动的快乐、收获劳动的幸福,培养其热爱劳动、尊重劳动者与劳动成果的态度,养成勤俭节约、独立自主的优秀品质。同时,劳动也满足了学生活泼好动的天性,促进了他们的成长发育,在劳动中习得的知识与技能、积攒的劳动经验,也会成为他们今后升学及步入社会的宝贵财富。

三、对接社会资源,延展学生劳动场域

劳动教育要在学校与社会资源整合上下功夫。《意见》提出,社会要发挥在劳动教育中的支持作用,充分利用社会各方面资源,多渠道拓展实践场所,满足各级各类学校多样化劳动实践需求。为此,学校对接优秀的社会资源为学生带来制作鲁班球的项目体验。普颂德科有限公司将德国精湛的工业机床带入校园中,让学生体验到了德国工艺和中国文化相融合的劳动教育活动。后期我们还会结合疫情防控的情况,带领学生参观木工课程的劳动教育基地,通过实践体验的途径逐步实现劳动意识、劳动

情感和劳动能力的螺旋发展。

图 4

石嘉辉:学习支架的搭建与运用

——以《好玩的游乐场:制作伸缩滑道滑梯模型》为例

搭建有效的支架是以学生为主体,以学生自身的知识水平为基础,以培养学生的知识技能和创新能力为目标,也将使学生的潜能得到了进一步的释放和发挥。课程结合场馆教学使学生在"玩"中"学",经历好玩的学习,调动学生主动参与的积极性,激发学生的创新思维。

一、为有源头活水来——研究问题的提出

首批尝鲜《好玩的游乐场》这一课程的学生已经有了一学期丰富的学

习经历,这些学生不仅学会了在团队合作中解决问题,更对很多问题有了自己独特的看法。今天我要分享的案例源头,就来自学生在课程情境中所萌生的一个"真问题"。木创社团转会来的学生小A在滑滑梯的发布会上提出这样的一个问题:"为什么在制作伸缩滑道滑梯时,我们不能用木创的工具与材料来做呢?"

这一问题看似寻常,却已然显现出学生经过一学期的科创素质的培养后,创新意识的萌芽。《好玩的游乐场》能否与我们学校的特色海派木创课程结合? 在哪些子项目中结合? 怎么结合? 这也和我们教研中讨论的方向不谋而合。研究往往源于问题,正是这些问题引发了我们整个教研团队的深入思考:如何将《好玩的游乐场》与学校特色海派木创课程进行有效融合,通过老师的引导,培养学生的创新能力? 如何充分挖掘平台资源,助力种子课程落地?

二、众里寻他千百度——找准课程结合点

让我们翻开《好玩的游乐场》目录,从目录中的标题就不难看出,该课程适合用项目学习的方式来推进。这一推进模式,恰恰与我校特色海派木创课程的模式相吻合。项目学习是以问题为导向、以学生为中心的教学模式,它将教学过程放置到一个现实的,有实际意义的问题中,使学生投入于问题情境中。既然路径是一致的,只要在内容上找到适切的结合点,就可以把我们在木创课程中已有的资源与经验迁移到《好玩的游乐场》中,让这个"游乐场"更有"平阳味",对平阳的孩子而言,更有一番别样的吸引力。

学生的真问题,可以为我们指明研究的方向,我们便是从学生真实的问题出发,选取了《制作伸缩滑道滑梯模型》这一课进行初步的设想和实践。在原有的课程中,制作滑梯模型的材料是牛奶盒,曾经上这一课的时候,我们光收集、清洗牛奶盒就要费一番周章,正因为学生的一个点子,我们萌生了用木创材料来替代牛奶盒的想法。学生在木创课程中已经有了与木打交道的丰富经验,举例来说,他们在木创课程中学习了木材的分

类,掌握了一些处理木材的基本技能,我们就顺势引导学生思考,制作滑梯模型应该用什么样的木材,这个过程中要有哪些工序,需要用到哪些学过的技能? 这样的思考是基于学生已有的经验,重设了学生的学习起点,不仅有效地打消了学生们面对陌生任务的畏难情绪,也让更多学生都能有"料"可想,有"话"可说。大家对项目学习的任务分工更清晰了,在分工合作时也更从容,在实际操作上更是基于原有的基础变得游刃有余。

在多次尝试中,我们摸索着找到了一条将种子课程和校本特色结合的路径:基于学生已有的能力经验,融合学校的特色资源,搭建适切的学习支架,创设真实的活动经历,并不断在反思中优化改进。

三、宝剑锋自磨砺出——优化支架促素养

需要强调的是,引入已有校本课程的资源后,我们还要认识到,融合并不是取代,我们不能把种子课程当作一个"新瓶子",往里灌的全是木创的"旧酒"。也就是说,校本特色和种子课程的关系,应该是以特色激兴趣,以经验炼技能,以旧课辅新课。所以在种子课程落地的过程中,必定还是以种子课程本身的课程为主,校本特色的融入为辅,把这些资源化为学生学习中的支架,才能真正为课程的落地起到作用。

那么如何使学生在项目学习过程中进行自主、积极、高效的学习、进而促进其核心素养的发展呢? 我是这样认为的:在项目的执行阶段中,对学习难度较高的内容,如最速曲线、动能与势能的转换等,又或是学生容易产生问题的环节,给予更多的互动帮助以及支架的支持很有必要,以此来促进学生有意义的知识建构、问题解决,有效提升其学习效果。

因此,以本课为例,我们首先分析了学生在活动过程中可能会遇到的难点,然后再逐一研究、突破。

难点一,课程中(出示原步骤表)提供的学习支架尚不足以帮助学生理清任务主线与分工。经常会造成学生在确定步骤之后,在制作过程中忘记自己的分工,或是在某一步骤进行时,其他分工的组员无所事事。难点二,课程中的学习支架有大量要动笔写的内容,学生完成各式表格就要

占用课堂上的大量时间，而且样式统一的表格会让学生产生畏难情绪，学生大都只想动手做，不想动笔写，学习动力没被激发出来，这些支架往往形同虚设。难点三，评价单的标准单一，无法从多层面兼顾评价要点，也无法起到较好的激励效果。

针对这些问题，我也开始寻找起了自己的"支架"。很快，通过和教研组老师们的多次研讨后，探究型课程老师常常提及的"计划先行""团队合作"等规则意识让我眼前一亮。基于日常教学的导学案编制的经验，我尝试将平台提供的学习支架进行了改编。考虑到学生对于项目学习的能力还不够熟练，先让同学们对于任务单的内容进行提问，帮助他们理解任务单内容，理清任务主线与分工。

从图中可以看出，在内容的设计上，我们首先要求每个小组填写一个组名，能使成员更有归属感，提高团队的凝聚力。其次，要求写下各组员的明确分工，引导学生团队合作。在排版的设计上，我利用直观的流程图配以充满童趣的卡通滑梯图标来替换原有表格式的学习单，更贴合了小学生的年龄特色，起到调动学生主动投入到学习中来的作用。

聚焦到任务单上的具体板块，我们可以发现，板块与板块之间，看似独立但其实环环相扣不可分割，可能有的老师会有疑问：为什么板块之间没有序号来表明步骤顺序？关于这一点，我是这样认为的：在制作过程中学生肯定会遇到一系列大大小小的问题，其中会存在需要修改设计或者需要重新制作零件材料的时候。为了让每个小组的成员都充分得到锻炼，并没有规定要先去做什么，这样每个小组的成员都可以在自己擅长的领域中去尝试着解决问题。而小组与小组之间也可以通过组际合作来互相学习，如：在加工师中，课前能力较强的同学可以传授经验互相交流，这种自由式的组际合作，不但小组内成员表达与操作能力有所提升，组与组之间也达到了互帮互助的大"团队合作"拓宽了学生的学习空间。

任务单作为常见的支架，终究是为了解决完成项目学习中遇到的问题而服务的。项目本身就是一个真实的问题。在解决这个大问题的过程中，通常还会遭遇许多小问题。我们改进的这张任务单，就是为同学们提供制作思路和框架思考的支架。学生在完成设计任务单的过程中,也对接下来将如何制作模型成竹在胸。同时,完成这样的小组任务单是需要交流的,学生在讨论分工的环节,通过结合各组员的自身特长来进行组内分工,不仅能对学生的沟通表达能力进行训练,同时也提升了团队合作的能力。

当然,一堂课中的支架不能只有一张任务单。进入子项目的收尾阶段,在项目的评价和修改环节,我还参考了平台提供的单元评价单,融入了本区的特色:表现性评价,将原本较为单一的评价标准改进成了分级评价,以针对不同学生的个体差异,让每个学生都有提升完成目标的成就感。此外,将评价内容前置于本节课,让学生有目的去完成各种活动。评价中针对不同的规则意识如:计划先行、团队合作,都给拟定了相应的评价分项。

细化后的评分规则让学生从一开始的潦草的设计图到有总体和细节设计的规范图纸,从一开始的表达不清到之后的层次分明,在评分规则的引导下,孩子们有勇气修改自己的作品,即使这么做有时很困难。他们通过自己的努力达到学习目标,展现了责任心。通过小组工作时彼此良好协作,展现了同理心。他们也乐于接受其他人的观点,以促进自己的思考。

可以看到,如果没有任务单和评价单这样的学习支架,学生就可能会在碰壁和试错中陷入散乱迷茫的状态,而有了这样的支架,则可以串联原本松散的环节,由点连线再化面,统整各个任务,并在学生真正有困难的时候给予扶手,促进学生在过程中素养的切实提升。这样的支架从哪儿来?我们的思考是:从资源中来,从实践中改,唯有不断优化,才有高效课堂。

项文燕:以主题为导向创设支持性学习环境
——"永不消逝的电波"主题式综合活动

上海市教委教学研究室谭轶斌主任在《试论小学低年级主题式综合活动课程的价值取向》中说到,儿童是自己的创造者,他们的自我创造能力在与环境的相互作用中不断形成。在主题式综合活动课程中仅次于"主题"的便是支持性学习环境的设计。再合宜的主题倘若缺失了支持性的学习环境,儿童经验的扩展便成为空中楼阁。今天,我就以"永不消逝的电波"为例来介绍一下我们学校是如何以主题为导向创设支持性学习环境。

一、Walking in Shanghai:行走中学习

"闪闪的红星"、"小兵张嘎"、"永不消逝的电波"等红色经典形象可以唤起孩子学习革命先烈的主动性,感悟红色精神的深刻内涵,也是学校教育不可或缺的使命。但低年级的孩子以具体形象思维为主,因此寻找儿童喜欢又比较贴近生活的红色经典形象对于低年级主题式综合活动就非常有必要。遵循从儿童生活出发选取主题的原则,《永不消逝的电波》成了二年级"童话里 Walking"主题的首选,位于黄渡路上李白烈士故居也成为了孩子实践体验的第一站。

"这个李白是谁?"、"怎么用摩斯密码拍电报?"位于黄渡路上的李白烈士故居让孩子们第一次知道"在诗人李白之外还有烈士李白"。当来到二楼李白第三次被捕的场景模型前时,孩子们深深地感受到了李白同志的沉着、冷静与伟大。当坐在老式发报机前体验发报时,孩子们惊喜地体会到指尖滴滴传递消息的神奇;当一行"延安已收到你的消息"的讯息被点亮时,孩子们在知道"原来电报是这样发出"的同时感叹胜利的来之不易!

读万卷书,行万里路。"Walking in Shanghai"带给孩子的是最美的相遇,它营造了一个开放的学习环境,让孩子与李白同志有了第一次亲密的接触。

二、童话里 Walking:沉浸式学习

近年来,以推理破案为主的"剧本杀"受到了年轻人的热捧。这类"沉浸式场景体验"让我们团队教师不断思考:在主题式综合活动课程里,我

们如何创造师生一起面对客观世界,寻求学习深度的新课堂文化。

1. 有味的间接性学习环境。

一本本《永不消逝的电波》的连环画,几段紧张刺激的电影片段,让孩子与李白同志有了第二次时空相遇。这时,孩子的学习热情彻底被激活,他们迫不及待地询问"这次的活动我们玩什么?怎么玩?"

"我们也去做一回情报员,送情报去!"当一张张鲜红的任务卡交到孩子手里时,他们已然成为了一名小小情报员。

2. 有趣的直接性学习环境。

最好的课堂应该让孩子自己去探寻、去观察、去倾听、去思考,最后形成自己的经验,体会收获的乐趣。因此,我们借助现有的资源,努力将"平阳书局"、"外滩"、"复兴公园"等元素融入校园环境中,将谍战的紧张悬念贯穿每个活动任务里,引导着孩子在"乔装打扮取情报"、"破译情报送李白"和"发送电报庆胜利"的体验过程中去了解党、热爱党、拥护党、做党的"红孩子"。

3. 真实的人际环境。

一切就绪,活动开始了!情报员接到秘密任务,于是穿上学生装,佩戴好暗号标志"红领巾",来到复兴公园与人接头拿到情报。在平阳书局破译并藏好情报后出发去送情报。外滩前情报员们沉着冷静地应对了特务的盘查,完成了重重挑战将情报顺利送达李白居所并向延安发出了电报。在这个活动里,老师与孩子不再是一场"你教我学"的教学任务,而是一场师生共同经历的智慧之旅。在这场旅程中,老师不再单纯的"教而为师",而是成为了机智的地下党、狡诈的特务、美丽的外国人……与我们的孩子周旋。而我们的孩子也已然成为了真正的情报员,灵活地运用已有的知识与经验去解决问题,当获得情报进行破译时,他们运用查找、推理、质疑、验证等方式获取了有关信息。当特务询问伪装的情报员"干什么去?身上是不是有违禁物品"时,孩子们用他们的机智与默契相互打着掩护。这时的"特务"也敏锐地判断着其中的学习价值,支持孩子用自己的方式探索,根据孩子的需要调整学习环境,提供具有挑战性的素材。这种充满人际互动的环境使师生共情卷入,引发了认知冲突,将探究引向了深入。

"永不消逝的电波"以主题为导向,以儿童视角创设支持性学习环境,为孩子的学习发展提供有效的空间环境支持,但我们也发现活动中很多任务是无法准确预测的。这时需要老师时刻对儿童经验保持敏锐性,会随机应变、会观察、会解读、即支持、会共情,时时关注与协助儿童经验的生长,最终我们的学习才会变得更有趣、更好玩。

以主题为导向创设支持性学习环境已然成为了孩子最喜欢的学习空间,在这样的空间里老师如何通过各种策略支持孩子更好地发展还有待我们进一步的探索。相信在不久的将来,我们一定会为孩子创设出更多不一样的学习环境!

李婷婷:遇见未来的自己
——低年级主题式综合活动的实践与思考

一、案例概述

《综合实践活动指导纲要》指出:综合实践活动是指学生基于自身兴趣,在教师指导下,从自然、社会和学生自身生活中选择和确定研究专题,主动地获取知识、应用知识、解决问题的学习活动。这就不同于以往单一的封闭的课堂学习活动。它是面向自然、面向社会、面向学生的生活和学习已有经验的学习。实际上这种学习活动也的确存在于我们的现实生活中,只是没有引起我们的重视和挖掘,并且这种学习具有不可替代的作用。

所以我们学校就开展了《低年级主题式综合活动》,综合活动课程目标包括"我与自己"、"我与社会"、"我与自然"三个维度。"我与自己"强调认识自己、管理自己和表达自己,"我与社会"强调遵守规则、乐于交往、爱国自信,"我与自然"强调喜欢提问、敢于尝试、亲近自然。

本案例主要从主题式综合活动课程"我与社会"中的感知职业侧重，面向一、二年级学生，旨在促进小幼衔接。在活动内容上，从生活出发选取主题，设计活动和学习任务，让学生在"玩玩做做"中学习，引领学生认识、发展自我，参与并融入社会，亲近并探索自然，初步形成对自我、社会和自然的整体认识，养成良好的生活、学习和交往习惯。记录二年级的学生主题式综合活动的实践与思考。

二、案例呈现

（一）活动目标

学校将围绕感知职业侧重开展"我与社会"主题的低年级主题式综合活动，通过活动增强小学生对职业角色的感受和认知，帮助学校的学生了解今后选择不同职业的职业特点，为今后探索和选择职业所需要的知识和技能打下启蒙的基础，引导学生尽早的接受启蒙教育，能够思考未来的选择。同时在职业体验的过程中，初步领略达成职业梦想需要的条件。在今后的职业规划中，能够更好的帮助自己成长和实现这一职业梦想，也能使学生在低年级主题式综合活动的过程中，悦纳自我，放飞梦想，掌握相关知识，更能懂得树立职业梦想的重要性，知道自己今后的职业梦想，以主动积极的态度适应日益变化的社会发展，促进学生主动、健康、快乐的成长，培养学生的阳光心态、完善人格，平实阳光。

（二）活动内容

学校二年级学生在暑假，参加围绕感知职业侧重的低年级主题式综合活动动，通过参与感受不同的职业，了解不同的职业所需要的知识与技术，体验不同职业带来的不同体验，让这些学生树立自己的职业梦想，明白自己以后想从事的工作方向，为了这一个职业的方向，需要具备哪些方面的知识，引导他们选择和规划自己的未来，以积极主动的态度适应日益变化的社会发展，促进孩子的主动、健康、快乐的成长。

（三）活动过程

暑假的一大早，我就带着我们学校二年级的学生，满怀着激动的心情从学校出发了，来到了上海 XX 学校。一进校门，扑面而来的就是学校浓浓的活动氛围，我校的同学在学生志愿者的带领下参观了整个校园，激动的心情油然而生。然后我们就来到了活动会场，职业体验活动经历了 6 个活动环节，分别是：1.解密计算机——计算机拆装。2.数钱大考验——点钞快手。3.教你 72"辨"——假币识别。4.OM——头脑奥林匹克。5.舞动手指——数字录入。6.古老的计算器——算盘。

我和二年级的学生主要参加了教你 72"辨"——假币识别的验钞师体验活动。本次活动主要分为三个环节，1.视频观看验钞师工作的情景。学生学着验钞师的现场展示，学习使用肉眼来验钞的过程。2.学生学着验钞师的现场展示，学习使用验钞机来验钞的过程。3.学生之间相互合作，同时在验钞师的指点帮助下，体验使用肉眼和验钞机验钞的互动过程。

在这些活动中，二年级的学生积极参加，认真的聆听验钞师说的话，等验钞师都说完了，才主动提出自己的问题与疑惑。动手操作的环节也是同样，学生认真的看完验钞师运用验钞机器，操作验钞的过程，然后自己动手进行实践完成操作，一直到自己能独立操作验钞机为止。二年级的学生还试着和验钞师交流，通过验钞师的介绍，对于这领域的知识有了全面、详细的了解。当天活动结束的后，二年级的学生还依依不舍，流连忘返，小 Z 还满脸欣喜地对我说："老师，今天的活动太棒了，我一直梦想着像那位验钞师一样，能够验明钞票的真假，下次我还想参加这样的低年级主题式综合活动。"

三、案例反思

虽然 2 个小时的低年级主题式综合活动很快结束了，但是此次的活动留给二年级学生的是无穷的回味，学生在体验验钞师验钞的过程中，更懂得了树立职业梦想的重要性，在验钞师职业体验活动中，掌握相关知识，为自己今后从事的职业树立了目标，同时也让二年级的学生体会到为了职业梦想，自己需要掌握哪些技能，需要付出怎样的努力。孩子们通过这次的低年级主题式综合活动，离自己的职业梦想又进了一步。

其中一个孩子的变化引起了我的注意,他就是小 Z,他是个虎头虎脑,长得很可爱的男孩子,圆圆的大眼睛好像会说话,头发短短的,又硬又黑,是个活泼可爱,但有些没自信的孩子。

自从小 Z 参加了暑假的低年级主题式综合活动,孩子变得更加快乐了,他不再是那个由于学习不好没有自信的小 Z,而是个有着职业梦想,每天都信心十足,活泼外向的,向着验钞师这一职业梦想努力的孩子,他的变化真的是肉眼可见。

上课的时候,他不再低着头,不再由于听不懂而不去听老师的上课内容,而是会抬起头,认真听老师上课说的内容,即使有些听不懂,也会认真去聆听,下课再去虚心请教老师、同学。作业上,他虽然有些不会做,但是他会把字写端正,认真的对待每一次的作业。班级里劳动岗位,他做得比原来更认真了。

看着小 Z 的表现,作为他的老师,真的是倍感欣慰,每一个孩子都有无限的可能性,真的是这样,可能只是一次小小的体验活动,一次短暂的梦想交流,孩子竟然有如此大的变化,这也是我没想到的。其实,这样子的一些职业体验的低年级主题式综合活动,通过请家长进课堂,请学生走出门,这样的形式,让孩子们亲身经历不同职业的特点,让孩子们和这些不同职业的人进行了面对面的交流与互动,产生不同共鸣,也正是低年级主题式综合活动的初衷和目的。

我想,以后的春秋游活动,也可以开展一些职业体验相关的低年级主题式综合活动,可以选择如星期八小镇这样的地点,或者是一些相关单位的参观,在游戏和实践活动中开展低年级主题式综合活动,使得孩子们掌握了更多今后所需的知识与技能,开阔孩子们的视野,带给孩子们不同的感受,引导学生有效地勾连"我与社会"的联系,促进学生主动、健康、快乐的成长,以及对未来的希望与憧憬。

在孩子的成长道路上推一把,也许他的未来就会有不一样的色彩,希望每个孩子们都能有这样的机会,能够与未来的自己相遇,人生变得多姿多彩。

后　记

《海派文化与"平阳课程"——一所城市小学的课程创新历程》书稿即将付梓之际，我们感慨万分。

本书诉说着平阳人在学校发展中的坚守与不易，也承载着我们文化立校、文化兴校、文化强校的理想。学校曾是老百姓口中的"菜场小学"，经历着招生难、生源严重不足、学生大量流失的尴尬与困境。但是我们立足校情，挖掘海派文化教育资源，以文化滋养课程，以课程丰富文化内涵，坚持了16年的课程建设之路，内涵发展之路，形成了独特的"平实阳光"的海派校园文化。今天的平阳小学正在逐步成为"学生喜欢、家长满意、社会认同"的家门口好学校。

我们希望用这本书告诉大家：一所城市小学的课程创新历程，一所小学校的自强不息的发展之路。本书的撰写思路，定位于从海派文化入手，提炼课程文化的形成与发展，通过十多年的课程实践，最终形成了丰富而宝贵的经验和案例。

华师大杨小微教授是我们学校课程发展的指导者、亲历者，这本书的问世也得到了他的倾力相助，他对全书的架构、体例等提出了专业的建议与指导；杨小微教授带领着团队还多次把脉、倾囊相授，使我们的书稿日臻完善，在此一并致以崇高的敬意和谢意。

由衷感谢华东师大教育学部游韵副教授、研究生余沐凌、嘉兴秀洲教体局金哲老师、上海交大刘学良博士、复旦大学高教所徐冬青副教授、《上海教育》杂志社程琳老师、上海教育评估院朱丽副研究员、华东师大研究生罗丽、朱琪雯、胡燕等对本书的的倾情帮助，最终成为我们完成撰稿的持续动力。感恩专家们提供的研究经验、丰富的资源和专业指导。

最后，衷心感谢我们平阳小学的课程团队和教师们在课程开发过程中的倾情投入与智慧奉献，所形成的鲜活案例和成功经验成为本书浓墨重彩的文化内涵。

在此，我也向平阳的家长和孩子们表达谢意，是他们对学校文化的热爱和对课程实践的热情支持，给了我们持续思考与不懈创新的动力，也给了我把学校办好的信心。

希望本书能为小学课程改革提供借鉴，也希望得到同行朋友的宝贵意见。谢谢！

朱　红

2022 年 7 月

图书在版编目（CIP）数据

海派文化与"平阳课程"：一所城市小学的课程创
新历程/朱红著. —上海：上海三联书店，2022.

ISBN 978 - 7 - 5426 - 7843 - 0

Ⅰ.①海… Ⅱ.①朱… Ⅲ.①课程建设—教学研究—
小学 Ⅳ.①G622.3

中国版本图书馆 CIP 数据核字（2022）第 153863 号

海派文化与"平阳课程"

——一所城市小学的课程创新历程

著　者　朱　红

责任编辑　钱震华
装帧设计　陈益平

出版发行　上海三联书店

　　　　　（200030）中国上海市漕溪北路 331 号

印　　刷　上海昌鑫龙印务有限公司

版　　次　2022 年 8 月第 1 版

印　　次　2022 年 8 月第 1 次印刷

开　　本　700×1000　1/16

字　　数　210 千字

印　　张　14.25

书　　号　ISBN 978 - 7 - 5426 - 7843 - 0/G・1648

定　　价　68.00 元